LIBERTAD
en CRISTO

Un curso de 10 semanas para un
discipulado transformador

Autor del best seller *Victoria Sobre la Oscuridad*

NEIL T. ANDERSON
Y STEVE GOSS

Curso de Discipulado de Libertad en Cristo - Guía del Participante
© 2021 Libertad en Cristo Internacional (Freedom in Christ International)
4 Beacontree Plaza
RG2 9RT Reading Berks, UK
www.libertadencristo.org - www.freedominchrist.org

Originalmente publicado en inglés con el título:
Freedom in Christ Discipleship Course – Participant's Guide
© 2017 Copyright by Neil T. Anderson y Steve Goss

Traducción: Nancy Maldonado
Edición: Adriel Arreaza, Robert Reed
Maquetación interior: Jemima Taltavull

ISBN: 978-1-913082-31-4 Ebook: 978-1-913082-35-2

CONTENIDO

Comentarios de los Participantes:

«Tengo la cabeza despejada, alabado sea Jesús — ¡no había estado realmente clara durante años!»

«Saber quién soy en Cristo y aceptar la verdad de Dios mientras que rechazo las mentiras del diablo ha cambiado mi vida.»

«Me está ayudando a crecer y madurar como cristiano como nunca antes.»

«Mi vida ha sido transformada. Realmente fue como caminar desde la oscuridad a la luz de nuevo.»

«Estaba separado de la verdad del amor de Dios y de la libertad en Jesús por un gran muro de dolor, heridas y mentiras. Pero el muro se derrumbó.»

«Resultó ser un punto fundamental en mi vida cristiana... Ahora siento que tengo la vida abundante de la que Cristo habló y que he estado anhelando.»

¿Por qué participar en este curso?

El *Curso de Libertad en Cristo* es para todos los cristianos, desde los que han sido cristianos durante mucho tiempo hasta los que acaban de tomar esa decisión, desde aquellos que están progresando constantemente hasta los que se sienten estancados.

Está diseñado para ayudarte a:

- **Avanzar hacia un mayor nivel de madurez espiritual**
- **Descubrir cualquier área de engaño que te esté deteniendo**
- **Resolver conflictos personales y espirituales**
- **Aprender estrategias para renovar tu mente y liberarte de pensamientos negativos y patrones de comportamiento inútiles.**

El curso no se centra en cómo comportarse sino en cómo creer. Después de todo, Cristo ya nos ha liberado (Gálatas 5:1) y nos ha dado todo lo que necesitamos (2 Pedro 1:3). ¡Es solo que a veces no se siente así!

Muchos sienten que no han alcanzado todo su potencial para Dios. Quizás se sientan «estancados» en el pecado habitual, en pensamientos negativos, miedos, falta de perdón o condenación. Sin embargo, realmente quieren crecer y madurar. Este curso te ayudará a comprender la asombrosa verdad de tu nueva identidad en Cristo, te enseñará a descubrir y resistir el engaño del enemigo, y te ayudará a seguir adelante. No es una «solución rápida». Pero es probable que cause una revolución a tu vida cristiana.

¿Cómo puedo sacarle el máximo provecho?

Haz tu mejor esfuerzo para llegar a cada sesión.

Lee los libros **Victoria sobre la oscuridad** y **Rompiendo las cadenas** de Neil Anderson para reforzar la enseñanza.

Asegúrate de seguir *Los Pasos hacia la Libertad en Cristo*, un proceso amable y gentil durante el cual le pides al Espíritu Santo que te muestre cualquier área de tu vida en la que necesites arrepentirse. La mayoría de los grupos programan los Pasos entre las Sesiones 7 y 8, y para muchos es una experiencia que les cambia la vida.

El curso incluye estrategias para mantenerte firme en la libertad ganada y renovar tu mente de forma continua —hazlas parte de tu vida diaria—.

Conoce a los Conferencistas

Steve Goss tiene un trasfondo empresarial y fundó la oficina de *Libertad en*

Cristo en el Reino Unido en 1999, pensando que le dedicaría solamente los viernes por la tarde. Todavía está «algo sorprendido» de dedicarse al ministerio cristiano a tiempo completo. Neil Anderson, fundador de *Libertad en Cristo*, le entregó a Steve el liderazgo internacional del ministerio en 2012 y ahora opera en alrededor de 40 países. Él y Zoë llevan casados más de 30 años y tienen dos hijas mayores y un perro pug. Tienen su sede en Berkshire, al oeste de Londres, pero viajan mucho para ministrar en los cinco continentes.

A finales de los 80 y principios de los 90, habrías encontrado a **Daryl Fitzgerald** en un grupo de hip hop cristiano llamado Transformation Crusade. ¡Él insiste que su música era mejor que su nombre! Él y su esposa Stephanie viven en Nashville, Tennessee, EE. UU., y tienen una pasión por ayudar a las familias y los matrimonios. Daryl fue pastor a las familias hasta 2016 cuando él y Stephanie se unieron al equipo de *Libertad en Cristo*. Son los orgullosos padres de cinco hijos, los tres más jóvenes están en una banda de pop, soul y rock-n-roll llamada The New Respects (que, se podría decir, sí es un buen nombre).

Nancy Maldonado nació en los Andes del Ecuador, donde construyó fuertes y atrapó renacuajos con Roberto, su amigo de la infancia. Años más tarde, los Alpes suizos serían testigos de su compromiso y matrimonio. Vivieron muchas aventuras como misioneros en España, pero dice que su mayor aventura ha sido criar a Josué y Sofía en una sociedad secular posmoderna. Nancy es parte del equipo internacional de *Libertad en Cristo* y se encarga de traducir los materiales de *Libertad en Cristo* al español. También ayuda a Roberto en su trabajo como director de *Libertad en Cristo* para Latinoamérica. A Nancy le encanta probar nuevas recetas, discipular a mujeres, los colores brillantes y el té Earl Grey con leche.

¿Por qué creer en la Biblia?

¿DE QUÉ SE TRATA?

Esta sesión es una introducción opcional al *Curso de Discipulado de Libertad en Cristo*.

OBJETIVO: Entender que es perfectamente lógico y sensato afirmar que la Biblia es el mensaje de Dios para las personas que Él creó.

BASE BÍBLICA: Hebreos 4:12: «Ciertamente, la palabra de Dios es viva y poderosa, y más cortante que cualquier espada de dos filos. Penetra hasta lo más profundo del alma y del espíritu, hasta la médula de los huesos, y juzga los pensamientos y las intenciones del corazón».

VERDAD BÍBLICA: Tratándose de libros, la Biblia sobresale por encima de todos. Por varias razones, y muy buenas, creemos que constituye el mensaje de Dios para los seres humanos que él creó.

 ## BIENVENIDA

De los libros que has leído, ¿cuál te ha gustado más (que no sea la Biblia)?

 ## ADORACIÓN

Pongamos a Dios en el centro del curso y abramos nuestro corazón a él.

Jeremías 29:11-13; Salmo 33:4-7; Hebreos 4:12

 ## LA PALABRA:

¿Por qué creer en la Biblia?

La Biblia es fácilmente el libro más influyente jamás escrito:

- **Fue el primer libro que se imprimió**
- **Se ha traducido a más de 2.500 idiomas**
- **Contiene más de 750.000 palabras**
- **Le tomaría alrededor de 70 horas leer toda la Biblia en voz alta.**

Aunque la escribieron 40 personas distintas, desde pescadores a reyes, que vivieron durante un período de 1.500 años en tres continentes distintos, la Biblia asegura que es el mensaje de Dios, su carta de amor personal, a la gente que él creó. La Biblia misma dice esto: «Toda la Escritura es inspirada por Dios». (2 Timoteo 3:16).

Pero, ¿por qué deberíamos confiar en ella?

PAUSA PARA LA REFLEXIÓN 1

1. ¿Cuándo fue la primera vez que escuchaste hablar de la Biblia, la leíste o te la leyeron?

2. ¿Hay algún texto o versículo de la Biblia que sea especial para ti? Si es así, léelo al grupo y explica brevemente por qué es tan significativo para ti.

3. ¿Por qué crees, o por qué te cuesta creer que la Biblia es "la palabra inspirada de Dios"

1. La historia confirma la Biblia

El hecho es que hasta ahora los descubrimientos arqueológicos han verificado la veracidad histórica de la Biblia.

Las personas dudaron de la existencia de Sodoma y Gomorra, dos ciudades mencionadas en una de las partes más antiguas de la Biblia, pero en la década de 1970 un equipo de arqueólogos italianos encontró una biblioteca de tablillas de barro de 2,500 años AC. Al estudiar las tablillas descubrieron que se mencionaba a estas dos ciudades.

En el Antiguo Testamento, la primera parte de la Biblia se menciona al grupo de los hititas como 50 veces. Por años los historiadores dijeron que los hititas no habían existido porque no había evidencia de ello fuera de la Biblia. Pues durante los siglos 19 y 20 los arqueólogos encontraron evidencia que respaldó su existencia. Incluso encontraron la capital, llamada Hitusa, que se encuentra en el norte de lo que hoy es Turquía.

En el evangelio de Juan, se da una descripción detallada de un estanque en Jerusalén. Juan menciona que tenía cinco pórticos cubiertos, sostenidos por columnas. Dice que era un lugar donde se juntaban los inválidos a la espera de un milagro. Porque, según la tradición, un ángel bajaba y removía las aguas, y la primera persona en sumergirse sería sana. Durante siglos no hubo evidencia alguna de este estanque en Jerusalén. Encontraron otros estanques, pero no tenían los pórticos con columnas. Pero al final del siglo 18 lo descubrieron: un estanque con cinco pórticos. Lo hallaron a 12 metros bajo tierra. Pero lo que me encanta es que encontraron una inscripción sobre las propiedades sanadoras del agua.

Nota: Hay muchas fuentes que pueden consultar para confirmar este y otros ejemplos mencionados. El líder de su grupo podrá recomendar algunos.

Aquí está el punto principal: si se demuestra que la Biblia es precisa en sus detalles históricos, es una razón de peso para considerar seriamente las cosas que informa que pueden parecer fuera de lo común o imposibles. Y si se comprueba la veracidad de los detalles históricos de los autores de la Biblia, ¿podemos pensar o decir que no tienen razón cuando cuentan algo fuera de lo común, como ese milagro, solo porque suponemos que no pudo haber sucedido?

2. Las profecías de la Biblia se cumplieron.

Otra razón por la que este libro es único es porque está lleno de predicciones, profecías de cosas que no habían sucedido y luego sorprendentemente sucedieron.

Por ejemplo, en el año 586 AC un hombre llamado Ezequiel predijo la

destrucción de una ciudad antigua llamada Tiro. Les dijo que Dios decía «Así como el mar levanta sus olas, voy a hacer que contra ti se levanten muchas naciones. Destruirán los muros de Tiro, y derribarán sus torres. Hasta los escombros barreré de su lugar; ¡la dejaré como roca desnuda!» (Ezequiel 26:3-4) Más adelante el pasaje dice que tirarían sus escombros al mar. Poco después de eso vino Nabucodonosor y sitió la ciudad durante 13 años. Al final la ciudad cayó, tal como lo predijo el profeta. Cuando cayó la ciudad, sus habitantes huyeron y se asentaron en una isla frente a la costa. Recuerda que dije que parte de esa profecía era que los escombros serían tirados al mar.

Muchos detalles de la vida y muerte de Jesucristo fueron escritos con precisión cientos de años antes de Su nacimiento.

PAUSA PARA LA REFLEXIÓN 2

1. Busca alguna de las siguientes profecías del Antiguo Testamento: Miqueas 5: 2; Isaías 7:14; Jeremías 31:15; Salmo 41: 9; Zacarías 11: 12-13; Salmo 22: 16-18 y Zacarías 12:10; Éxodo 12:46 y Salmo 34:20; Salmo 22:18. De lo que conoces sobre la historia de Jesús, ¿cómo se cumplieron estas profecías?

2. «La historia confirma la Biblia y las cosas predichas en ella sucedieron más tarde». ¿Acaso estas dos cosas te ayudan a creer que la Biblia es el mensaje de Dios para nosotros?

3. ¿Qué razones da la gente para rechazar las afirmaciones de la Biblia?

3. Lo que la Biblia afirma sobre la resurrección de Jesús es fiable

El Nuevo Testamento asegura que Jesucristo se levantó de entre los muertos. Ésta es una declaración alarmante, y muchos la descartan como algo imposible sin siquiera estudiar los hechos. Pero quienes tienen una mente abierta seguro que querrán revisar la evidencia.

La evidencia médica parece indicar que Jesús había muerto antes de que lo pusieran en la tumba. Ese veredicto lo dieron soldados romanos profesionales con amplia experiencia en ejecuciones. Las pruebas demuestran también que tres días más tarde su tumba estaba vacía. Incluso las autoridades lo admitieron y dijeron que seguramente los discípulos habían robado el cuerpo de Jesús.

Jesús se apareció a los discípulos pocos días después de haber sido sometido al método de ejecución más cruel y brutal de la época. Y se le veía bien, no como quien ha escapado de la muerte por los pelos. De hecho, se apareció a más de 500 personas a la vez.

Pedro, uno de sus discípulos escribió, «Cuando les dimos a conocer la venida de nuestro Señor Jesucristo en todo su poder, no estábamos siguiendo sutiles cuentos supersticiosos, sino dando testimonio de su grandeza, que vimos con nuestros propios ojos». (2 Pedro 1:16). Muchos de esos testigos (incluido Pedro) más adelante dieron su vida por su fe de que Jesús resucitó de entre los muertos. Uno no muere por algo de lo cual no está completamente convencido, ¿verdad?

4. La iglesia jamás ha dejado de crecer.

Si es la Palabra de Dios, entonces podrías esperar que la Iglesia esté creciendo ¿Acaso está sucediendo?

El Equipo de trabajo estadístico de Lausana concluyó que:

- **Le llevó a la iglesia hasta 1900 para alcanzar el 2,5% de la población mundial.**
- **Luego, en solo 70 años se duplicó hasta alcanzar el 5%.**
- **Los siguientes 30 años —entre 1970 y 2000— se multiplicó hasta alcanzar el 11,2% de la población mundial.**

Alrededor de 1 millón de personas se convierte cada semana. De hecho, probablemente hay más cristianos vivos ahora mismo de los que jamás vivieron y murieron a través de la historia. Pero si tú vives en un país occidental puede que lo cuestiones porque la iglesia aquí ha estado en decadencia durante varias décadas.

La Iglesia es la organización más dinámica que el mundo haya conocido. Nunca ha parado de crecer y nunca ha crecido tanto como hoy en día.

Jesús predijo todo esto en la Biblia. Él dijo: «edificaré mi iglesia, y las puertas del reino de la muerte no prevalecerán contra ella». (Mateo 16:18)

5. Las verdades de la Biblia cambian vidas hoy

Si la Biblia es verdadera, también esperarías ver un impacto en la vida diaria de las personas.

Quienes creemos que la Biblia es el conjunto de mensajes de Dios no estamos dando un «salto de fe» a ciegas. Hay una base lógica y razonable para aquello que creemos. Y solo hemos podido hacer un repaso por encima, pero hay muchos recursos disponibles si quieres saber más al respecto.

Sobre el resto del curso

Si la Biblia dice la verdad, entonces los principios que nos da para la vida cambiarán nuestra vida. Y lo hacen. Te invitamos a seguirnos durante el resto del curso. Veremos algunos principios sencillos de la Biblia.

El enfoque no será un montón de leyes, haz esto, no hagas lo otro. No. Nuestro enfoque será en lo que **creemos.**

Jesús dijo que cuando conocemos la verdad somos libres de verdad (Juan 8:32). Porque si entendemos eso bien, nuestra conducta se alineará con ello.

Aprenderemos que nuestra conversión es el momento decisivo en nuestra vida; cómo nos convertimos en una nueva persona desde adentro. Que eso quiere decir que podemos acercarnos a Dios sin temor.

Descubriremos cómo resolver los efectos del pasado, incluso los más serios y profundos. Cómo tratar con esos patrones de tenemos atrapados en cosas que no queremos hacer.

Llegaremos a comprender el propósito de Dios para nuestra vida. ¡Puede que sea distinto a lo que te imaginas!

PAUSA PARA LA REFLEXIÓN 3:

1. Pasa un tiempo agradeciéndole a Dios por la biblia.

2. Pídele a Dios que desarrolle en ti un deseo de leer y entender su Palabra en tu caminar diario.

TESTIFICAR

Si alguien te dijera que la Biblia consiste en una simple colección de mitos y leyendas, ¿cómo responderías?

ESTA SEMANA

Si nunca has leído la Biblia regularmente, ¿qué tal si pruebas con una breve lectura cada día? Puedes empezar con uno de los evangelios. Mateo, Marcos, Lucas o Juan. Al leer, acuérdate de las verdades que hemos considerado y que el Creador del universo quiere **hablarte hoy** a través de su palabra en la Biblia. ¡Qué increíble!

UNAS VERDADES BÁSICAS

Jesús dijo que conoceríamos la verdad y la verdad ¡nos hará libres!

En las primeras dos sesiones veremos algunas verdades básicas que necesitamos conocer sobre lo que significa ser un cristiano.

¿Quién soy?

¿DE QUÉ SE TRATA?

OBJETIVO: Reconocer que en el fondo de nuestro ser ahora somos criaturas completamente nuevas en Cristo, santos que son aceptados, seguros y con significado.

BASE BÍBLICA: 2 Corintios 5:17: «Por lo tanto, si alguno está en Cristo, es una nueva creación. ¡Lo viejo ha pasado, ha llegado ya lo nuevo!».

VERDAD BÍBLICA: Seguir a Cristo fue la decisión más importante de tu vida y te convirtió en una nueva persona.

 BIENVENIDA

Dedica un par de minutos a reunirte en pareja con alguien y averigua todo lo que puedas sobre el otro. Luego, en no más de 30 segundos, responde esta pregunta sobre tu pareja. «¿Quién es él/ella?»

 ADORACIÓN

Los planes y las promesas de Dios.

Salmos 33: 10-11, Job 42: 2, Proverbios 19:21.

LA PALABRA:

¿Quién eres realmente?

Quizás la verdad más fundamental que necesitamos saber es quiénes somos. ¿Qué constituye el verdadero «yo» o «tú»?

El diseño original

La Biblia dice que fuimos creados «a la imagen de Dios» (Génesis 1:26), y Dios es espíritu. Entonces parece que la parte esencial de nuestro ser no es

nuestro cuerpo, sino nuestra naturaleza espiritual. No es nuestro ser exterior que ha sido creado a la imagen de Dios, sino nuestra persona interior.

Los investigadores genéticos dicen que el ADN de tus mitocondrias demuestra que todos somos descendientes de una misma mujer, y que los cromosomas «Y» demuestran sin lugar a duda que todos somos descendientes de un mismo hombre. La Biblia da los nombres de nuestros primeros antepasados, Adán y Eva. Podemos discrepar sobre el modo exacto en que Dios los creó, pero creo que todos coincidimos en que Dios inspiró que se escribiese su historia para comunicar una verdad muy profunda.

Cuando Adán fue creado, su espíritu —el núcleo de su ser— estaba conectado a su cuerpo. Es decir, que estaba físicamente vivo, igual que tú y yo. Pero el espíritu de Adán también estaba conectado a Dios. Lo que quiere decir que también estaba espiritualmente vivo. Ese era el diseño original: por un lado, nuestro espíritu conectado a nuestro cuerpo físico, y por el otro lado nuestro espíritu conectado a Dios.

La conexión espiritual a Dios le dio a Adán tres cosas muy importantes:

1. Aceptación

Adán tenía una relación íntima con su Padre Dios. Podía hablarle en cualquier momento, tenía su completa atención.

2. Importancia

Dios le dio a Adán un propósito muy importante, gobernar sobre las aves del cielo, los animales de la tierra y los peces del mar. (Génesis 1:26)

3. Seguridad

Adán estaba completamente a salvo y seguro en la presencia de Dios. Tenía todo lo que necesitaba, comida, refugio, compañía. ¡Todo!

Tú fuiste creado para esa vida: aceptación de Dios, verdadera importancia, un propósito real, completa seguridad, sin tener que preocuparte de nada.

Las Consecuencias de la caída.

Dios dijo a Adán y Eva «No comas del árbol del bien y del mal, porque si lo comes, ciertamente morirás». (Génesis 2:17)

¿Murieron? ¡Sí, espiritualmente! Esa conexión de su espíritu con Dios se rompió y hubo una separación. Y como consecuencia, todos sus descendientes, incluyéndonos a ti y a mí, hemos nacido físicamente vivos, pero espiritualmente muertos.

La **aceptación** que habían disfrutado, esa maravillosa relación cercana con Dios, se transformó en una sensación aplastante de rechazo, y todos conocemos ese sentimiento.

El sentido de **importancia** se transformó en culpa y vergüenza. Y todos nacemos con eso.

La **seguridad** que tenían se convirtió en temor. La primera emoción que Adán expresó a Dios fue «Tuve miedo» (Génesis 3:10). El mandamiento que más se repite en la Biblia es «No temas».

Al nacer, todos nos enfrentamos a una realidad para la cual no fuimos diseñados. E instintivamente buscamos regresar a ese lugar de aceptación, importancia y seguridad para el cual sí fuimos diseñados.

PAUSA PARA LA REFLEXIÓN 1:

¿Qué te impulsó a venir al Curso de Libertad en Cristo y cuáles son tus expectativas?

¿Cuáles fueron las consecuencias del pecado de Adán y Eva? ¿De qué maneras produjeron cambios en su relación con Dios?

¿Qué clase de cosas en nuestra vida diaria prometen hacernos sentir aceptados, importantes y seguros?

¿A qué vino Jesús?

La única solución al dilema que hemos visto es restaurar nuestra relación con Dios, volver a la vida espiritual.

Y por eso Dios envió a Jesús. Jesús se parecía a Adán al inicio: estaba vivo tanto física como espiritualmente. Pero a diferencia de Adán, Jesús nunca pecó.

¿A qué vino Jesús? ¿A perdonar nuestros pecados? Bueno, sí, pero eso fue solo un paso hacia un objetivo. Jesús mismo dijo: «Yo he venido para que tengan vida, y para que la tengan en abundancia» (Juan 10:10)

¿Qué perdió Adán? Vida. ¿Qué vino a darnos Jesús? **Vida.**

Cuando nos convertimos a Cristo, nuestro espíritu reconecta con el Espíritu de Dios. En ese momento recobramos la vida tal y como fue diseñada, con aceptación, seguridad e importancia. Porque la vida eterna no es algo que recibimos solo al morir. Es una calidad de vida completamente diferente, **ahora mismo.**

Un santo — No un pecador.

Así que, ¿quién eres? El momento en que te convertiste a Cristo fue el momento decisivo de tu vida. Todo cambió para ti. La Biblia lo describe de modo dramático:

«Si alguno está en Cristo, es una nueva creación. ¡Lo viejo ha pasado, ha llegado ya lo nuevo!» (2 Corintios 5:17)

¿Puedes ser parcialmente vieja y parcialmente nueva creación? ¡No!

«Porque antes eran oscuridad, pero ahora son luz en el Señor». (Efesios 5:8)

¿Puedes ser a la vez oscuridad y luz? No de acuerdo a este versículo.

Muchos nos consideramos «pecadores salvos por gracia». Ciertamente **eras** pecador, y eres salvo por pura gracia. Pero, este versículo es interesante:

«Cuando todavía éramos pecadores, Cristo murió por nosotros». (Romanos 5:8)

Este versículo sugiere que ya no somos pecadores. En el Nuevo Testamento la palabra «pecador» aparece más de 300 veces. Pero sin lugar a duda se refiere a la gente que aún no es cristiana. Nunca se utiliza para referirse a un cristiano, al menos no en términos de lo que son **ahora**. En todo caso solo para describir lo que eran antes.

Hay otra palabra que se utiliza para referirse a los creyentes, y aparece más de 200 veces. En inglés se ha traducido de distintas maneras. En español no tenemos ese problema. La palabra es «santo».

Gálatas 3:27 dice que nos hemos revestido de Cristo. Y quizá tú lo entendiste de este modo: que por debajo eres la misma persona indeseable y repugnante, pero como te has cubierto de Cristo, cuando Dios te mira, no te ve a ti sino a Jesús. Pero la Biblia no dice eso para nada. Se parece más a la historia que contó Jesús de un hijo que se portó muy mal y regresó a casa sucio, quebrantado y maloliente, esperando recibir un castigo. Pero, inesperadamente, su padre lo recibió con los brazos abiertos y enseguida le vistió con una túnica fina y lujosa (Lucas 15:22).

¿Crees que el padre le aceptó porque la túnica cubría su suciedad? No. La suciedad era exterior. No fue la túnica la que lo convirtió en hijo. El padre le dio la túnica porque era su hijo y quería vestirlo como tal.

Entonces, sin importar lo mal que te hayas portado o cuán terrible te sientas, la verdad es que, si has aceptado al Señor Jesucristo, ahora eres un hijo o una hija de Dios mismo. Eres justo, eres limpio, eres santo por dentro. Puedes revestirte de Cristo porque en lo más profundo de tu ser él te ha hecho santo. Cuando Dios el Padre te mira, no ve a Cristo disimulando tu suciedad. Te ve tal cual eres, una nueva creación, santa y maravillosa. Y se deleita en ti.

Quién eres ahora es un **hecho** y Satanás no lo puede cambiar. Pero, si logra hacerte creer una mentira sobre quién eres, puede paralizar tu caminar con Dios.

Ningún hijo de Dios es inferior o inútil, pero si Satanás logra convencerte de que lo eres, te comportarás como tal.

Ningún hijo de Dios es sucio o ha sido abandonado. Pero si Satanás logra convencerte de que lo eres, te comportarás como tal.

Puede que digas: «Es que no sabes lo que me han hecho». Eso no cambia quién eres en Cristo. «No sabes el fracaso que he sido como cristiano». Eso no cambia quién eres en Cristo.

Jesús te amó cuando aún eras pecador. No va a dejar de amarte ahora que eres santo.

«Pero ¿qué pasa con mis pecados futuros?» Cuando Jesús murió en la cruz, ¿cuántos de tus pecados eran futuros? ¡Todos!

No eres salvo por tu comportamiento, sino por lo que crees. Y la vida cristiana es más de lo mismo. No se trata de cambiar tu manera de actuar. Se trata de conocer la verdad, lo cual se refleja entonces en tu comportamiento. Es por eso que este curso no enseña cómo cambiar nuestro comportamiento, sino cómo cambiar nuestras creencias.

PAUSA PARA LA REFLEXIÓN 2:

1. Juan 10:10 dice que Jesús vino a traernos vida en abundancia. ¿Cómo sería eso en la vida diaria?

2. ¿De qué manera el saber que somos «santos» en vez de «pecadores» cambia la manera en que nos vemos a nosotros mismos?

3. ¿Qué tipo de cosas podrían impedir que conozcamos plenamente que ahora somos nuevas criaturas en Cristo, que tenemos perdón absoluto?

¿Qué ocurre cuando las cosas van mal?

El obstáculo principal para considerarnos santos en lugar de pecadores es éste: todos pecamos. Es posible que tengas un problema con los ronquidos o los eructos, pero eso no significa que tengas que presentarte a la gente diciendo: "¡Hola, mi nombre es X y soy un roncador / eructador!" Puedes roncar o eructar, pero eso no es lo que **eres**. Es lo que **haces**. Hay una gran diferencia entre los dos.

Es tu ser profundo e interior lo que determina quién eres, no lo que haces. Si eres un cristiano, un creyente, tú compartes la naturaleza divina de Dios en el núcleo de tu ser. Eso es maravilloso. Ahora somos nuevas creaciones, nuevas criaturas —lo viejo ha pasado, ha llegado lo nuevo.

Aunque eso es cierto, no quiere decir que vivimos en un estado de perfección, libre de pecado. La Biblia lo deja claro: «Si afirmamos que no tenemos pecado, nos engañamos a nosotros mismos y no tenemos la verdad» (1 Juan 1:8). Tropezaremos de vez en cuando.

Quizá una manera acertada de describirnos es que somos "santos, que a veces pecamos".

El pecado es un asunto serio. Le da al diablo una entrada en nuestras vidas y nos impide dar fruto como discípulos. Altera la armonía de nuestra relación con Dios. Pero no cambia la esencia de nuestra relación con él.

Cuando naciste de nuevo, Dios se convirtió en tu padre y tú te convertiste en su hijo. Recibiste su ADN espiritual. El espíritu de Dios vive en ti (Romanos 8:9) y ahora compartes su naturaleza (2 Pedro 1:4). Nada te puede separar del amor de Dios (Romanos 8:39). Nadie te puede arrebatar de su mano

(Juan 10:28).

Cuando pecamos, simplemente regresamos a nuestro Padre amoroso, confesamos que obramos mal, cambiamos nuestra manera de pensar. Y ya está, ya ha sido perdonado en Cristo. Amén.

Nada de lo que hagas puede hacer que Dios te ame más o menos. Si fueras la única persona sobre la tierra, Cristo vendría a morir solo por ti. ¡Así de especial eres!

¿Estás «en Cristo»?

Puede que estés pensando « ¿Todo esto se aplica a mí?». Si eres cristiano, la respuesta definitiva es «Sí», pero si no eres cristiano, no se aplica todavía.

¿Qué es un cristiano? Alguien que elige creer que Jesucristo es el Hijo de Dios y ha tomado la decisión definitiva de ponerlo a cargo de su vida. Si no estás seguro de ser cristiano, o sabes que no lo eres y quieres dar ese paso, puede hacerlo ahora mismo. No es complicado. Pero te transformará de adentro hacia afuera. Nadie es tan malo o se ha alejado tanto de Dios como para ser descalificado. Está abierto a absolutamente todo el mundo. Sin excepciones.

Simplemente habla con Jesús en voz alta o en tu mente en un lenguaje cotidiano normal. Dile que recibes el regalo gratuito de la vida espiritual que Él vino a darte. Pídele que perdone todo lo que hayas hecho mal y dile que estás tomando la decisión de ponerlo a cargo de tu vida.

Podrías, por ejemplo, usar estas palabras:

«Gracias, Jesús, Hijo de Dios, por morir en mi lugar para quitar todo mi pecado. Ahora mismo acepto Tus dones de vida y perdón. Elijo hacerte Señor de mi vida para poder convertirme en alguien completamente nuevo. Gracias porque ahora soy tu santo hijo y porque te pertenezco».

Si ha dado ese paso con sinceridad (ya sea que lo hayas hecho hoy o hace 80 años), ¡todas las declaraciones que leemos en la lista "Quién soy yo en Cristo" definitivamente se aplican a ti!

PAUSA PARA LA REFLEXIÓN 3:

Reúnete con otra persona y léele las declaraciones de «Quién soy en Cristo» sustituyendo el «yo soy» por «tú eres». Luego ella hace lo mismo contigo.

Durante unos minutos comparte cuáles declaraciones te impactaron más y por qué. Toma el tiempo para orar el uno por el otro, pidiendo una comprensión más profunda de que tu sentido de importancia, seguridad y aceptación se satisfacen en él.

 TESTIFICAR

Si un vecino te preguntase cuál es la diferencia entre una persona cristiana y otra que no lo es, ¿qué le dirías? ¿Crees que un cristiano es de algún modo mejor que un no cristiano? Qué le dirías a alguien que te preguntara: «¿Por qué debo hacerme cristiano?»

 ESTA SEMANA

Lee «Quién soy en Cristo» en voz alta cada día. Escoge la verdad que sea más importante para ti, lee el versículo en su contexto y pídele a Dios que te ayude a entenderlo mejor.

¿Quién soy en Cristo?

Soy aceptado

Renuncio a la mentira que soy rechazado, que soy una vergüenza, que soy odiado. En Cristo soy aceptado.

Dios dice que:

Eres hijo de Dios (Juan 1:12)
Eres amigo de Cristo (Juan 15:5)
Has sido justificado (Romanos 5:1)
Estás unido a Dios y soy un espíritu con Él (1 Corintio 6:17)
Has sido comprado por un precio: perteneces a Dios (1 Corintios 6:19-20)
Eres un miembro del cuerpo de Cristo (1 Corintios 12:27)
Eres un santo / una santa, fiel en Cristo(Efesios 1:1)
Has sido adoptado/a como hijo de Dios (Efesios 1:5)
Tienes acceso directo a Dios por el Espíritu Santo (Efesio 2:18)
Has sido redimido y perdonado/a de todos tus pecados (Colosenses 1:14)
Eres completo en Cristo (Colosenses 2:10)

Tengo plena seguridad.

Renuncio a la mentira que soy culpable, que estoy desprotegido, solo o abandonado. En Cristo tengo plena seguridad.

Dios dice que:
Estás libre de condenación (Romanos 8:1-2)
Estás seguro de que todas las cosas trabajan juntas para bien (Romanos 8:28)
Estás libre de todo cargo condenatorio en tu contra (Romanos 8:31-34)
No puedes ser separado del amor de Dios (Romanos 8:35-39)
Has sido establecido, ungido y sellado por Dios (2 Corintios 1:21-22)
La buena obra que Dios ha comenzado en ti será perfeccionada (Filipenses 1:6)
Eres un/a ciudadano del cielo (Filipenses 3:20)
Estás escondido con Cristo en Dios (Colosenses 3:3)
No te ha sido dado un espíritu de temor, sino de poder, amor y dominio propio (2 Timoteo 1:7)
Puedes encontrar gracia y misericordia para ayuda en tiempos de necesidad (Heb. 4:16)
Eres nacido de Dios y el maligno no te puede tocar (1 Juan 5:18)

Soy importante

Renuncio a la mentira que soy insignificante, inadecuado, que no tengo remedio. En Cristo soy importante.

Dios dice que:

Eres la sal de la tierra y la luz del mundo (Mateo 5:13-14)
Eres un sarmiento de la Vid Verdadera, Jesús, un canal de Su vida (Juan15:1,5)
Has sido escogido y destinado por Dios para llevar fruto (Juan 15:16)
Eres un testigo personal de Cristo capacitado por el Espíritu (Hechos 1:8)
Eres un templo de Dios (1 Corintios 3:16)
Eres un ministro de reconciliación para Dios (2 Corintios 5:17-2)
Eres un/a colaborador con Dios (2 Corintios 6:1)
Estás sentado con Cristo en los lugares celestiales (Efesios 2:6)
Eres hechura de Dios, creado para buenas obras (Efesios 2:10)
Puedes acercarte a Dios con libertad y confianza (Efesio 3:12)
Todo lo puedes en Cristo que te fortalece (Filipenses 4:13)

No soy el gran «Yo Soy», pero por la gracia de Dios soy lo que soy. (Ver Éxodo 3:14; Juan 8:24, 28, 58; 1 Corintios 15:10.

VERDAD

Abrazar la verdad

¿DE QUÉ SE TRATA?

OBJETIVO: Comprender que todos vivimos por fe en algo o en alguien y que la fe bíblica es descubrir la verdad de Dios y decidir creerla y vivirla.

BASE BÍBLICA: Hebreos 11:6: «En realidad, sin fe es imposible agradar a Dios, ya que cualquiera que se acerca a Dios tiene que creer que él existe y que recompensa a quienes lo buscan».

VERDAD BÍBLICA: Dios es veraz. Descubre que lo que él dice es la verdad y decide creerle a pesar de tus emociones, y tu vida como creyente será transformada.

BIENVENIDA

¿Dios te ha respondido a una petición de oración recientemente? Compártelo brevemente.

¿Crees que un ateo tiene más o menos fe que un cristiano? ¿Qué de un hindú o un musulmán? ¿Qué de una persona que no está segura en lo que cree?

ADORACIÓN

Tema: Darnos cuenta de cuánto Dios nos ama y se deleita en nosotros. Efesios 3:16-19; Sofonías 3:17; 2 Corintios 3:18; Hebreos 12:1-2

 LA PALABRA:

La fe es un tema crítico

Como vimos en la sesión anterior, si conoces a Jesús, eres santo, ¡lo sientas o no!

Da igual si te portas de maravilla un día y la fastidias el siguiente. Dios te sigue amando porque esa es su naturaleza. Él es amor.

Sin embargo, el amor de Dios por sí solo no significa que vayas a ser la persona que él quiere que seas, ni que hagas las obras que él preparó para ti. Eso tiene que ver con tus propias decisiones. Y tú tomas decisiones conforme a lo que crees. Lo que crees de verdad, no necesariamente lo que **piensas** o dices que **crees**.

Verás, si quieres saber lo que alguien cree de verdad, no escuches lo que dice, más bien mira lo que **hace**.

La fe es creer lo que ya es verdad

«Sin fe es imposible agradar a Dios» (Hebreos 11:6).

Fe implica averiguar lo que ya es verdad y tomar la decisión de creerlo.

Veamos la historia de 1 de Samuel 17, cuando los israelitas luchaban contra el ejército filisteo. Los filisteos dijeron «No queremos un derramamiento de sangre, dejen que su mejor guerrero luche contra nuestro mejor guerrero. El vencedor lo gana todo. Así de simple». Pero los filisteos les estaban tendiendo una trampa. Ellos tenían un arma secreta, un gigante llamado Goliat. Nadie pensaba que alguien pudiese luchar contra Goliat y ganar.

Pero los israelitas tenían a un joven llamado David. Sacó su honda y le dijo al gigante «¿Cómo te atreves a desafiar al ejército del Dios viviente?» y mató a Goliat.

Verás, David y los israelitas se enfrentaban a la misma situación. El ejército israelita veía al gigante en relación a sí mismo, y le entró el pánico. Pero David veía al gigante en relación a Dios, y tuvo paz.

¡David vio la situación como era de verdad! Entonces, fe es simplemente reconocer aquello que ya es verdad. El mensaje de esta sesión es claro:

descubre la verdad (que Dios determina); decide creerla, lo sientas real o no; y tu vida cristiana será transformada.

Todos viven y operan por fe

Con respecto a la fe, lo que importa no es si creemos o no. Todos creemos en algo o alguien.

Algunas personas deciden no creer en algo así como Dios, creen que evolucionamos de los animales. Eso sí que es fe.

El asunto clave es quién o en qué se cree

Puedes creer que puedes hacer volar un avión por el Atlántico, simplemente dándole a los pedales. Puede que tengas más fe en que funcionará que nadie más que haya existido. Pero no funciona.

Porque el asunto clave en la fe no es tanto **si creemos** o no, sino qué es **lo que creemos**. Es en quién o en qué creemos lo que determina si nuestra fe realmente funcionará.

En 1 Reyes 18 leemos sobre Elías y los profetas de Baal. Elías y los profetas se enfrentaron en una competición para ver cuál dios era el verdadero. Ambos levantaron un altar y colocaron en él un toro como sacrificio. Ambos debían pedir a su dios que enviara fuego del cielo para quemar el sacrificio. Había unos 450 profetas de Baal y les tocó ir primero. Ellos bailaron y bailaron y clamaron a Baal, pero nada sucedió. Se cortaron con espadas y gritaron fuertemente. Y nada. Así siguieron todo el día, pero sin respuesta. Entonces le tocó a Elías. Él clamó a Dios e inmediatamente bajó fuego del cielo que quemó la leña, el toro, las piedras y todo el altar.

¿Quién tenía más fe? No lo sabemos. Los profetas de Baal ciertamente tenían gran fe, pero no importó, porque Baal no era real.

Jesús dijo que solo necesitamos fe del tamaño de un grano de mostaza para mover una montaña (Mateo 17:20). Puede que Elías solo tuviese un poquito de fe, pero invocó al Dios vivo y real. No depende del tamaño de tu fe, sino del objeto de tu fe. No es nuestro poder el que mueve montañas, sino el poder de Dios.

Hebreos 13:8 dice que: «Jesucristo es el mismo ayer y hoy y por los siglos». Por eso él es el único en quien podemos depositar nuestra fe, que no nos va a defraudar. Él nunca ha dejado de ser y hacer todo lo que ha prometido. Y él nunca cambia.

PAUSA PARA LA REFLEXIÓN 1

1. Pasa un tiempo dialogando sobre esta frase: «Si quieres saber lo que alguien cree de verdad, no escuches lo que dice, sino mira lo que hace».

2. Dios nos pide que creamos que lo que dice la Biblia es verdad, aún cuando no lo sintamos como verdadero. Comparte sobre alguna vez en que escogiste no hacerles caso a tus sentimientos y decidiste actuar por fe.

3. «Se necesita más fe para creer que no hay Dios que para creer en Dios». ¿Qué piensas sobre esta frase?

Cómo crece la Fe

«Si yo pudiese tener la fe de fulanito...» ¡Puedes! Porque la fe es sencillamente una decisión de creer que lo que Dios dice es la verdad.

Es estupendo memorizar versículos bíblicos y hacer estudios bíblicos, pero tu fe crece de verdad, cuando tomas ese versículo que memorizaste o esa verdad que aprendiste en el estudio bíblico, y lo pones en práctica. Es decir, saltas y descubres que Dios te agarra. No te deja caer.

Y a medida que experimentas que Dios, en quien estás poniendo tu fe, es digno de confianza, le confiarás asuntos cada vez más grandes. Pero empieza desde el lugar en el que estás.

¿Alguna vez te has preguntado cómo pudo Abraham pensar en sacrificar a su hijo Isaac? Creo que él había aprendido, por experiencia, que Dios era bueno y digno de confianza.

Empiezas por lo que Dios ha dicho que es verdad y decides creerlo. Nunca empieces por cómo te sientes ¡sería un desastre!

No dejes que tus sentimientos te lleven al buen comportamiento, sino que el comportamiento te lleve a sentirte bien. Cuando tomas esa decisión, tarde o temprano tus sentimientos encajan.

La fe se demuestra con la acción

En la Biblia, las palabras «fe», «confiar» y «creer» corresponden a la misma palabra en el griego. Y es importante saberlo porque en castellano, cuando decimos que creemos en algo, no tiene la misma connotación que confiar en algo, ¿verdad? Pero fe no es solo estar de acuerdo con algo, es una dependencia que se demuestra con hechos.

Santiago dice «la fe por sí sola, si no tiene obras, está muerta. Sin embargo, alguien dirá: «Tú tienes fe, y yo tengo obras». Pues bien, muéstrame tu fe sin las obras, y yo te mostraré la fe por mis obras» (Santiago 2:17-18).

Da igual lo que **digamos**, son nuestros **hechos** los que demuestran lo que creemos. Si quieres saber lo que crees de verdad, echa un vistazo a lo que haces.

Es cuando atravesamos momentos difíciles que nuestra fe crece aún más. Quizá un apuro económico, una enfermedad, un futuro incierto. Es en estos momentos cuando debemos decidir si ponemos nuestra fe en Dios o en otra cosa.

Como ves, la cantidad de fe que tienes está en tus manos. Todo depende de tu decisión de creer, decidir creer la verdad y ponerla en práctica.

Cada cristiano puede convertirse en un discípulo maduro y que dé fruto. Todos pueden resistir a la tentación, salir de la desesperanza, dejar atrás comportamientos negativos influencias del pasado y echar para adelante. No necesitas una unción especial de parte de Dios u otros. Solo necesitas saber lo que es verdad, decidir creerlo y actuar de acuerdo a ello.

No hay nada mágico en leer listas como las «20 Verdades Espirituales» en voz alta. La verdad en ellas tendrá efecto sobre tu vida solamente en la medida en la que decidas creerlas. Pero puedes leer estas listas en voz alta como una manera de comprometerte a creer y afirmar la verdad.

Elías dijo «¿Hasta cuándo van a seguir indecisos? Si el Dios verdadero es el Señor, deben seguirlo; pero, si es Baal, síganlo a él» (1 Reyes 18:21). ¿Por qué no tomas esta oportunidad para comprometerte a basar tu vida completamente en lo que Dios dice que es verdad, sin importar tus sentimientos ni la opinión de los demás?

PAUSA PARA LA REFLEXIÓN 3:

1. En tu grupo pequeño, lee las 20 verdades espirituales en voz alta, pausando después de cada una para que la gente pueda compartir cuando una verdad en particular le es significativa y por qué.

2. Si alguna de estas verdades te impacta más, personalízala. Por ejemplo «¿Cómo voy a decir que yo, Nancy, soy débil si la Biblia dice todo lo puedo en Cristo que me fortalece?» (Filipenses 4:13). Tómate el tiempo para digerir y disfrutar esta verdad, pidiendo a Dios que te ayude a recibirla en tu espíritu.

TESTIFICAR

Piensa en un amigo o familiar que todavía no es creyente. Según la Biblia, ¿por qué no cree? (ver 2 Corintios 4:4; Romanos 10:14-15). Escribe una oración en la que le pides a Dios que quite los obstáculos que no le permiten creer. Dirige tu oración al Señor confiando en que cumple lo que promete hacer.

ESTA SEMANA

Lee las 20 verdades espirituales en voz alta cada día. Escoge la que más te ha impactado y toma la decisión de creerla a pesar de tus circunstancias y de cómo te sientas. Si puedes tomar un paso de fe de una manera práctica, basada en esa verdad, ¡cuánto mejor!

20 Verdades Espirituales

1- ¿Cómo voy a decir que soy débil, si la Biblia dice todo lo puedo en Cristo que me fortalece (Filipenses 4:13)?

2- ¿Qué puede faltarme si sé que Dios me proveerá de todo lo que necesito, conforme a las riquezas en gloria en Cristo Jesús (Filipenses 4:19)?

3- ¿Por qué temer, si la Biblia afirma que Dios no me ha dado un espíritu de temor, sino de poder, de amor y de dominio propio (2 Timoteo 1:7)?

4- ¿Por qué estar falto de fe para cumplir mi llamado, si sé que Dios me ha dado ya mi medida de fe (Romanos 12:3)?

5- ¿Por qué sentirme débil, si la Biblia dice que el Señor es el baluarte de mi vida y que tendré fuerzas porque conozco a Dios (Salmos 27:1; Daniel 11:32)?

6- ¿Por qué dejar que Satanás me domine, si el que está en mí es más poderoso que el que está en el mundo (1 Juan 4:4)?

7- ¿Por qué aceptar la derrota, si la Biblia declara que Dios siempre me lleva triunfante en Cristo (2 Corintios 2:14)?

8- ¿Cómo puede faltarme la sabiduría si Dios ha hecho que Jesucristo sea mi sabiduría y me da sabiduría si se la pido (1 Corintios 1:30; Santiago 1:5)?

9- ¿Por qué estar deprimido, si puedo recordar el amor, la compasión, la fidelidad y la esperanza de Dios (Lamentaciones 3:21-23)?

10- ¿Por qué estar preocupado y nervioso, si puedo depositar en Cristo toda mi ansiedad porque él cuida de mí (1 Pedro 5:7)?

11- ¿Por qué estar esclavizado, si sé que donde está el Espíritu del Señor, allí hay libertad (2 Corintios 3:17; Gálatas 5:1)?

12- ¿Por qué sentirme condenado, si la Biblia dice que no hay ninguna condenación porque estoy unido a Cristo Jesús (Romanos 8:1)?

13- ¿Por qué sentirme solo, si Jesús ha dicho que estará conmigo siempre y que nunca me dejará o abandonará (Mateo 28:20; Hebreos 13:5)?

14- ¿Por qué sentirme maldito o víctima de la mala suerte, si la Biblia afirma que Cristo me rescató de la maldición de la Ley para recibir su Espíritu (Gálatas 3:13–14)?

15- ¿Por qué estar insatisfecho, si, igual que el apóstol Pablo, puedo aprender a estar satisfecho en cualquier situación (Filipenses 4:11)?

16- ¿Por qué sentirme inútil, si Cristo se hizo pecado por mí para que en él yo recibiera la justicia de Dios (2 Corintios 5:21)?

17- ¿Por qué sentir paranoia, si sé que nadie puede estar en mi contra si Dios está de mi parte (Romanos 8:31)?

18- ¿Por qué sentirme confundido, si Dios es el autor de la paz y él me da entendimiento por su Espíritu (1 Corintios 14:33; 1 Corintios 2:12)?

19- ¿Por qué sentirme fracasado, si soy más que vencedor por medio de Cristo (Romanos 8:37)?

20- ¿Por qué dejar que me agobien las presiones de la vida, si sé que Jesús ha vencido al mundo con sus aflicciones (Juan 16:33)?

EL MUNDO, LA CARNE Y EL DEMONIO

Cada día luchamos contra tres cosas que conspiran para alejarnos de la verdad. El entender cómo el mundo, la carne y el demonio obran nos ayudará a renovar nuestra mente y permanecer firmes.

La verdad según el mundo

 **¿DE QUÉ SE TRATA?**

OBJETIVO: Entender que los cristianos debemos tomar una decisión firme de abandonar lo que el mundo enseña y creer la verdad de Dios.

BASE BÍBLICA: Romanos 12:2: «No os amoldéis al mundo actual, sino sed transformados mediante la renovación de vuestra mente. Así podréis comprobar cuál es la voluntad de Dios, buena, agradable y perfecta».

VERDAD BÍBLICA: El mundo en el que nacimos formó nuestra perspectiva de la vida y llegamos a creer que esa perspectiva es la correcta. Sin embargo, si nuestra perspectiva no concuerda con lo que Dios dice, debemos rechazarla y alinear nuestras creencias con la verdad de Dios.

 BIENVENIDA

Si pudieras ir a cualquier parte del mundo, ¿cuál lugar elegirías?

¿Piensas que tu manera de ver el mundo y lo que crees sería muy distinta si te hubieras criado en otra cultura?

 ADORACIÓN

Tema: Jesucristo es único y singular. Lee Juan 14:6, Efesios 1:17-23; 1 Corintios 1:30; Filipenses 2:5-11.

 LA PALABRA:

¿Qué es «el mundo»?

El mundo es el sistema o la cultura en la que naciste y en la que vives, y variará mucho de acuerdo a dónde naciste y cuándo naciste.

Satanás a quien Jesús llamó «el príncipe de este mundo» (Juan12:31). Y en gran parte es él quien manipula al mundo y trabaja a través de él.

Veamos ahora las tres tácticas principales que el mundo usa para intentar desviarnos de la verdad.

Táctica 1: Promete satisfacer nuestras necesidades más profundas

Recuerda que fuimos creados para tener la calidad de vida que tuvo Adán —100% de aceptación— altísima importancia y seguridad total. Pero esa no es la vida a la que nacimos, lo sabes. Llegamos al mundo sin la conexión con Dios que debíamos tener. Sin embargo, fuimos creados con esa necesidad innegable de aceptación, seguridad e importancia que nuestra conexión con Dios hubiese llenado.

Cuando crecimos y empezamos a buscar instintivamente cómo llenar esa necesidad profunda de aceptación, significado e importancia, el mundo saltó a nuestro encuentro y dijo, «No te preocupes, yo te muestro cómo llenarla».

Y nos entregó fórmulas falsas tal como:

Desempeño + Logros = Significado

Estatus + Reconocimiento = Seguridad

Apariencia + Admiración = Aceptación

Y esas son mentiras. Pero, al no tener una conexión espiritual con Dios, nos las tragamos, ¿verdad? O, como dice Pablo, de manera natural anduvimos «según la corriente de este mundo». (Efesios 2:2)

El mundo da puñetazos dobles. Por un lado, nos hace sentir insignificantes, inseguros y que nadie nos quiere. Y luego nos promete maneras de remediarlo: "Vístete con ropa de marca, júntate con la élite, y quizá te acepten", pero que no funcionan.

«No amen al mundo ni nada de lo que hay en él. Si alguien ama al mundo, no tiene el amor del Padre. Porque nada de lo que hay en el mundo —los malos deseos del cuerpo, la codicia de los ojos y la arrogancia de la vida— proviene del Padre sino del mundo. El mundo se acaba con sus malos deseos, pero el que hace la voluntad de Dios permanece para siempre». (1 Juan 2:15-17)

Hay tres canales a través de los cuales trabaja el mundo: los malos deseos de la carne (el cuerpo), la codicia de los ojos y la arrogancia de la vida. Y son los mismos canales que Satanás usó cuando tentó a Eva y nuevamente cuando tentó a Jesús en el desierto.

Los deseos de la carne

En la siguiente sesión veremos a la carne como un enemigo importante. Por ahora tomemos nota que los malos deseos de la carne están conectados al mundo. Mientras más nos tragamos las mentiras del mundo y actuamos sobre ellas, más desarrollamos patrones malsanos de pensamiento, los cuales se convierten en comportamientos.

Los deseos de los ojos

El mundo me muestra cosas que prometen llenar mi necesidad, esa necesidad legítima de aceptación, importancia y seguridad que Dios puso en mí. El mundo constantemente reclama nuestra atención con cosas nuevas, brillantes, atractivas. Las fotos manipuladas (Airbrush y Photoshop) de las modelos nos hacen sentir feas y crean ansiedad sobre envejecer. Finalmente, no nos llevan al brillante futuro que prometen, sino a la oscuridad y a la confusión.

La arrogancia de la vida

Esa es la tentación que nos lanza el mundo de que presumamos de nuestra vida, basándose en la mentira de que nuestras posesiones o logros o conexiones nos dan importancia.

Cuando sentimos la necesidad de presumir de lo que tenemos, de nuestros logros o de quién conocemos, mostramos nuestra inseguridad. Usamos esas cosas como muletas para sostener nuestra autoimagen. Pero ya no necesitamos hacer eso. Ahora somos santos y agradables a Dios. Somos aceptados y tenemos seguridad plena en él.

PAUSA PARA LA REFLEXIÓN 1:

1. ¿De qué maneras ha intentado el mundo hacerte sentir insignificante, inseguro o no amado?

2. ¿De qué maneras te ha prometido el mundo darte importancia, seguridad y aceptación? ¿Reconoces estas «fórmulas falsas»?

• Productividad + Logros personales = Importancia

• Estatus + Reconocimiento = Seguridad

• Apariencia + Admiración = Aceptación

3. ¿Cómo puedes contrarrestar «los deseos de la carne, los deseos de los ojos o la vanagloria de la vida»? (ver 1 Juan 2:15-17).

Táctica 2: El mundo presenta una visión global —pero falsa— de la realidad

¿Alguna vez has usado un casco de realidad virtual? La idea es que, en lugar de ver solo una película o un partido, puedes ser parte de la acción. Uno de los pioneros de la Realidad Virtual dice que la meta es desarrollar tecnología tan real como la vida misma, pero sin sus limitaciones. Sin embargo, no será real. Simplemente se sentirá como si fuese real.

Y básicamente esa es la segunda

táctica del mundo. Es darte una visión distorsionada de la realidad, pero dártela de manera que creas que es auténtica. De hecho, el mundo te da un casco de realidad virtual, solo que no sabes que lo tienes puesto. Y se llama tu «cosmovisión».

Del mismo modo en que absorbemos cosas del entorno, tal como el idioma, también absorbemos creencias, valores y comportamientos. La familia, la escuela, los amigos y los medios de comunicación nos influyen.

Sin darnos cuenta todos desarrollamos una manera de ver la realidad que creemos que es cierta. Pero si tu cosmovisión es defectuosa, tu valoración de los sucesos de tu vida será incorrecta.

Hay una variedad sin fin de cosmovisiones en el mundo. Echemos un vistazo a las más comunes para intentar entender cómo funcionan.

1. Cosmovisión no occidental (Animista)

Si tú te criaste en África o en una cultura oriental puede que hayas absorbido la creencia que el universo está controlado por un poder universal que fluye a través de todo, y por una variedad de espíritus.

Entonces, si algo malo te sucede —digamos, que enfermas gravemente— lo evaluarías usando tu casco de realidad virtual para entenderlo. Probablemente sospecharías que alguien está manipulando ese poder o algún espíritu en tu contra, quizá mediante una maldición o a través de algún tipo de magia.

Y tal como llamarías a un electricista si tuvieses problemas eléctricos en tu casa, en este caso llamarías a un electricista cósmico, alguien que se llamaría un chamán, brujo o hechicero, para arreglar ese problema.

Si así es como percibes la realidad, si ésta es tu cosmovisión, seguramente vivirás con un temor constante de que otra persona pueda tener mayor control de los poderes cósmicos que tú. O que algo que haces pueda molestar a un espíritu y éste se ponga en tu contra.

2. Cosmovisión occidental (Moderna)

Pero la mayoría de nosotros, criados en occidente, no acudimos a un hechicero cuando algo va mal. Más bien buscamos los motivos lógicos y así intentamos arreglar el problema.

Porque el mundo nos ha dado otra comprensión de la realidad. Y esta cosmovisión nos dice que la realidad solo se puede conocer a través de métodos científicos. Entonces, si nos enfermamos acudimos a un médico el cual usará métodos científicos para curar nuestra enfermedad.

En esta visión global de occidente se tolera el creer en Dios y en cosas sobrenaturales, pero no creemos que sean pertinentes a nuestra vida diaria. Por eso la gente cree que, por ejemplo, podemos eliminar el aspecto espiritual de la educación de nuestros hijos sin perder nada de gran importancia.

Una vez escuché a alguien decir: «Yo creo en Dios, pero en la práctica soy ateo». Y eso se aplica a mucha gente.

3. Cosmovisión posmoderna

Pero la cultura cambia y en décadas recientes ha surgido otra cosmovisión en occidente. Esta cosmovisión es una reacción a la dependencia de la ciencia y de los expertos que tuvieron las generaciones pasadas. Después de todo, los expertos tan a menudo se han equivocado.

Las generaciones anteriores pensaban que la verdad era algo revelado por Dios o algo que la ciencia ponía al descubierto. Pero cada vez más, nosotros validamos una idea en base a nuestra experiencia personal. Es decir que, si algo se siente bien, está bien.

Los políticos pueden decir lo que la gente quiere oír, aunque no concuerde con la realidad, y obtienen gran acogida. En las redes sociales es fácil encontrar grupos donde la gente coincide en puntos de vista ridículos y se apoya en sus creencias.

Por eso los cristianos nos vemos presionados a decir que todas las religiones

SESIÓN 3 | LA VERDAD SEGÚN EL MUNDO

son iguales. Ya no basta decir que respetamos el derecho de las personas a sus creencias y que con gusto dialogamos con ellos. Está la presión de decir que sus creencias son igual de «verdaderas» que las nuestras.

Los jóvenes cristianos en particular dirían gustosamente que Jesús es **«su verdad»,** pero a veces les cuesta ir más allá y hablar de Jesús como **«la verdad».**

Esta visión nos ha llevado a una «tolerancia extrema» que considera aceptable casi cualquier comportamiento. De hecho, ¡lo único que se ve mal es decir que lo que otro hace está mal!

A final de cuentas, esto nos lleva a absorber la creencia de que no hay ninguna verdad absoluta. ¡Ninguna!

La cosmovisión bíblica: La verdad existe

¿Qué cosmovisión tiene la razón? ¡Ninguna de ellas!

¿Si nos quitáramos nuestro casco de realidad virtual, si nos deshiciéramos de los valores y creencias de nuestra cultura, qué veríamos?

La Biblia afirma ser la revelación de la realidad de parte de Dios para la gente que él creó. Si eso es cierto, entonces al quitarnos el casco veríamos la realidad tal cual la describe la Biblia. Que aquello que la Biblia dice es la verdad.

Jesús dijo: «Yo soy el camino, la verdad y la vida. Nadie llega al Padre sino por mí» (Juan 14:6). ¿Cómo? ¿Quieres decir que solo una visión de la realidad es la correcta? ¿No es eso un tanto... intolerante?

Piensa en el asunto más importante al que nos enfrentamos todos los humanos– ¿qué sucede al morir?

54 LIBERTAD EN CRISTO

- El hinduismo, otra cosmovisión, enseña que cuando mueres te reencarnas en otra forma.
- El cristianismo enseña que el alma pasa el resto de la eternidad en el cielo o en el infierno
- Los espiritistas creen que al morir pasamos a flotar por el mundo como fantasmas.
- Los ateos creen que no hay alma y que cuando morimos nuestra existencia llega a su fin.

¿Acaso pueden todas ellas tener la razón? ¿Acaso lo que crees que sucede al morir marca una diferencia en lo que realmente sucederá cuando mueras? ¿O sucederá lo mismo a todos, sin importar lo que hayan creído?

Entonces, si los hindúes tienen la razón, todos nos reencarnaremos. Si lo cristianos tienen la razón, todos responderemos ante el juicio de Dios. Si los ateos tienen la razón, todos cesaremos de existir. Y si los espiritistas tienen la razón, todos flotaremos por ahí como fantasmas. Pero es ilógico pensar que todos puedan tener la razón.

Creo que queda claro, si lo pensamos bien, que la verdad sí existe, y que la verdad existe independientemente de lo que una persona decida creer.

PAUSA PARA LA REFLEXIÓN 2:

1. ¿Cuán diferente crees que sería tu cosmovisión si te hubieras criado en otra parte del mundo o en otra época?

2. ¿De qué maneras te identificas con alguna de las tres cosmovisiones presentadas? (Animista, Moderna, Posmoderna)

3. Cuando decimos que Jesús es el único camino a Dios, ¿cómo podemos evitar sonar arrogantes?

Táctica 3: Añadir las creencias cristianas a nuestra cosmovisión anterior

Todos llevamos algún tipo de casco de realidad virtual, es nuestra cosmovisión original. Pero es importante recordar que estos cascos nos dan una visión distorsionada de la realidad, todos lo hacen.

La tercera táctica que el mundo usa es tentarnos a **añadir** las creencias cristianas a nuestra cosmovisión previa, y así mantener nuestras creencias básicas.

El pan de oro es oro de verdad que se ha martillado hasta conseguir láminas 200 veces más finas que un pelo humano. Entonces se aplica a libros, a adornos, a edificios, e incluso a alimentos. Un objeto cubierto de pan de oro aparenta ser de oro sólido, pero solo es una capa finísima.

Supón que tus creencias cristianas son un hermoso adorno dorado. Si yo lo cortase por la mitad, ¿qué veríamos en su interior? ¿Sería oro hasta la médula? ¿O veríamos una fina capa de oro y por dentro un metal barato?

¿Cómo nos afecta nuestra cosmovisión occidental, que niega la realidad del mundo espiritual?

Nos lleva a vivir nuestra vida y a desarrollar nuestro ministerio como si el mundo espiritual no existiese. Cuando nos sucede algo terrible, muchos cristianos culpamos a Dios porque, influenciados por la cosmovisión occidental, no tomamos en cuenta a Satanás del cual la Biblia dice que "ha venido a robar, matar y destruir" (Juan 10:10).

¿Qué sucede cuando alguien tiene problemas mentales o psicológicos? La profesión médica influenciada por la cosmovisión occidental ignora la realidad del mundo espiritual.

Somos gente íntegra —espíritu, alma, cuerpo— y necesitamos una cosmovisión saludable y equilibrada que toma en cuenta la realidad natural y la espiritual.

Decimos creer en la Biblia, pero ¿no es cierto que tomamos decisiones basándonos en nuestra opinión más que en lo que piensa Dios? Decimos creer en el poder de la oración, pero ¿demostramos con hechos que queremos solucionar nuestros propios problemas y la oración es nuestro último recurso?

Por ejemplo, dime, ¿por qué eres cristiano? Algunos cristianos que no se han quitado el antiguo casco responderán «Creo porque a mí me funciona» o «Siento que es la verdad», o «Creo sinceramente que es mi verdad».

¿Qué sucederá cuando deje de funcionar, o cuando ya no lo sientas, o cuando aparezca otra creencia más atractiva?

Cada uno de nosotros necesita darse cuenta de que lo que el mundo nos ha hecho creer es tan opuesto a la realidad, que tomamos la decisión de tirar nuestro casco antiguo. Y decidimos creer lo que la Biblia dice y que la palabra de Dios forme nuestras creencias básicas. No solo una capa, como el pan de oro, sobre nuestras creencias erradas.

Si no lo haces, terminarás cediendo y serás indeciso e inconstante en todo lo que haces (Santiago 1:8).

PAUSA PARA LA REFLEXIÓN 3:

Usa este tiempo en oración para desechar tu vieja cosmovisión y escoger ver el mundo tal y como dice Dios que es en realidad.

Puedes decir «renuncio a la mentira que dice que [mi falsa creencia antigua] y anuncio la verdad de que [la verdad de la palabra de Dios]». Por ejemplo:

«Renuncio a la mentira que dice que el mundo espiritual invisible no es real y anuncio la verdad de que es tan real como el mundo físico que podemos ver».

«Renuncio a la mentira que dice que debo preocuparme de que alguien pueda echarme una maldición y anuncio la verdad de que yo estoy sentado con Cristo en los lugares celestiales por encima de todo poder espiritual».

 TESTIFICAR

Cuando hablas a la gente que todavía no cree en Cristo, ¿cómo te ayuda saber que todos crecemos con una visión particular del mundo?

 ESTA SEMANA

Al final de cada día toma cinco minutos para meditar cómo tu cosmovisión antigua ha asomado la cabeza ese día para persuadirte a pensar o actuar de manera opuesta a lo que enseña la Biblia. Cuando identifiques algo, toma el tiempo para renunciar a esa creencia falsa y a comprometerte a la verdad de acuerdo a la Biblia.

Nuestra decisión diaria

¿DE QUÉ SE TRATA?

OBJETIVO: Entender que, aunque aún tenemos la tendencia de no depender completamente de Dios y de no seguir al Espíritu Santo, que ahora en Cristo ya no tenemos que ceder ante ella sino que tenemos la libertad de decidir.

BASE BÍBLICA: Romanos 8:9: «Sin embargo, vosotros no vivís según la naturaleza pecaminosa sino según el Espíritu, si es que el Espíritu de Dios vive en vosotros».

VERDAD BÍBLICA: Aunque eres una persona nueva en Cristo, con una naturaleza nueva y tienes la libertad de vivir de acuerdo con lo que el Espíritu Santo te dice, obedecerle no es automático es un proceso que toma tiempo y madurez.

BIENVENIDA

Si tuvieras el éxito garantizado, ¿qué es lo que más te gustaría hacer?

ADORACIÓN

Tema: Alaba a Dios por quien es.

Hebreos 13:15, Apocalipsis 19:5, Salmos 99:9, 1 Crónicas 29:11–13.

LA PALABRA:

Puede que tú hayas creído que ser cristiano significa que automáticamente lo harás todo bien, que aceptar a Cristo resuelve todos tus problemas. Pues lo siento, pero no es así. Como creyentes tenemos al Espíritu Santo en lo profundo de nuestro ser y queremos agradar a Dios. Pero a menudo fracasamos en vivir como quisiéramos y a veces nos sentimos igual que antes. En realidad, nuestros malos hábitos no cambian en seguida. De hecho, puede que la lucha con el pecado se intensifique. ¿Por qué?

En esta sesión veremos eso que la Biblia llama «la carne», nuestro segundo enemigo.

«Porque los que viven conforme a la carne piensan en las cosas de la carne; pero los que viven conforme al Espíritu, en las cosas del Espíritu. Porque la intención de la carne es muerte, pero la intención del Espíritu es vida y paz. Pues la intención de la carne es enemistad contra Dios» (Romanos 8:5-7a).

¿Qué cambió?

Hemos visto que el momento en que te hiciste cristiano, se dieron ciertos cambios dramáticos en tu vida.

Tenemos un corazón nuevo y un nuevo Espíritu en nuestro interior.

Una profecía importante del Antiguo Testamento es «Les daré un nuevo corazón, y les infundiré un espíritu nuevo» (Ezequiel 36:26). Antes de ser cristianos nuestro corazón era engañoso y sin remedio, como lo dijo Jeremías. Pero ahora en Cristo ¡tenemos un corazón nuevo y limpio!

Tenemos nueva vida «en Cristo»

Somos una nueva creación y tenemos vida en Cristo.

Tenemos un nuevo Señor

Nuestra autoridad espiritual ahora es Dios; antes de convertirnos era Satanás (Juan 8:44).

Lo que no cambió

Nuestro cuerpo no cambió

Nuestro cuerpo no cambió. Físicamente tenemos el mismo cuerpo que antes. Un día recibiremos un cuerpo nuevo, pero por ahora vivimos con esto.

Nuestra carne no desapareció

Cuando hablamos de «carne» no nos referimos a nuestros cuerpos. Hablamos de los deseos e impulsos de nuestros cuerpos. De cierto modo, el concepto bíblico de «carne» es el impulso de hacer lo que le es natural a un ser humano caído.

Cuando crecemos independientemente de Dios aprendemos a reaccionar y a manejarnos de distintas maneras. Estos patrones antiguos de pensar y actuar son características de la «carne». Cuando nos convertimos a Cristo nadie pulsó un botón para borrar el disco duro de nuestra mente.

«Carne» suena raro, pero es exactamente lo que pone el texto bíblico original. Es la palabra griega que se usaba para describir la carne que hubieras comprado en la carnicería, o la carne que cubre tus huesos.

Durante una época las traducciones bíblicas modernas no querían traducir la palabra «carne» literalmente, sino que la interpretaban como «naturaleza pecadora». Entiendo que lo hicieran porque la palabra carne es algo extraña. Pero el término «naturaleza» no es exacto y confunde porque, como hemos visto, los cristianos ya no tenemos una naturaleza pecadora, sino que tenemos la naturaleza de Dios (2 Pedro 1:4).

El pecado no murió

¿Cómo podemos vencer al pecado? La mala noticia es que no podemos. La buena noticia es que ¡Cristo ya lo hizo por nosotros! El pecado no ha muerto. De hecho, sigue siendo muy atractivo, y nos tienta cada día a llenar nuestra necesidad legítima de seguridad, aceptación e importancia independientemente de Dios.

Entonces ¿qué debe cambiar para no caer en los mismos patrones de pecado?

Esforzarte más no funciona. La clave es esta: es conocer la verdad. Necesitamos conocer la verdad sobre el pecado. Aunque el pecado era nuestro amo, Pablo nos dice que ya no tiene poder sobre nosotros. Aunque el pecado está vivo y coleando, Pablo dice que estamos vivos para Dios y muertos al pecado (Romanos 6:11). Cuando morimos con Cristo, su muerte terminó nuestra relación con el pecado.

Pablo lo expresó así en Romanos 7:21 «descubro esta ley: que cuando quiero hacer el bien, me acompaña el mal». ¿Qué ley es esta? Pablo la llama «la ley del pecado» (Romanos 7:23).

¿Cómo vencemos la ley del pecado que sigue vigente? Con una ley más poderosa. Romanos 8:2 dice que por medio de Cristo «la ley del Espíritu de vida me ha liberado de la ley del pecado y de la muerte». La ley del Espíritu de vida que funciona en mí como hijo de Dios es más poderosa que la ley del pecado y de la muerte. Antes de ser un hijo de Dios, un santo, yo no tenía opción sino de permanecer sujeto al pecado. Pero ahora en Cristo, tengo el poder de volar por encima de la ley del pecado y de la muerte.

PAUSA PARA LA REFLEXIÓN 1:

1. ¿Cuáles son los cambios más importantes que se han dado en ti desde que te convertiste a Cristo? ¿Qué desearías que hubiera cambiado?

2. ¿Qué tipo de situaciones has notado que te hacen más vulnerable a que la carne te lleve hacia el pecado? ¿Qué medidas prácticas puedes tomar para ayudarte en esas circunstancias?

3. La palabra de Dios nos enseña que estamos vivos para Cristo y muertos para el pecado. ¿Por qué algunos días no lo sentimos así? ¿Cómo podemos superar «la ley del pecado»?

Nuestras opciones

Nos enfrentamos a decisiones críticas.

* **Aunque ya no tenemos que pensar y reaccionar de acuerdo a nuestra carne, podemos decidir hacerlo.**
* **Y aunque el pecado ya no tiene poder sobre nosotros, podemos decidir ceder a él.**

Tres tipos de personas. (1 Corintios 2:14 al 3:3)

La Persona Natural (1 Corintios 2:14; Efesios 2:1–3)

Aquí describe a alguien que aún no es cristiano que:

* **Está vivo físicamente pero muerto espiritualmente;**
* **Separado de Dios, viviendo independientemente de él;**
* **No recibe dirección del Espíritu Santo, sino que vive motivado por los impulsos de la carne (Gálatas 5:19-21).**

La Persona Espiritual (1 Corintios 2:15)

Se supone que es el estado normal de un cristiano:

- **Nuestro espíritu unido al Espíritu de Dios**
- **Decidimos diariamente caminar por el Espíritu en lugar de la carne y por lo tanto el fruto del espíritu es cada vez más aparente en nuestra vida (ver Gálatas 5:22-23).**
- **Esa persona aún tiene la carne, pero la crucifica diariamente y reconoce la verdad de que ahora está muerta al pecado. Se somete a Dios y resiste al diablo (ver Romanos 6:11-14).**
- **Consecuentemente, la persona espiritual siente cada vez más gozo y paz en lugar de confusión y ansiedad.**

La Persona Carnal (1 Corintios 3:3)

Es la persona que está viva espiritualmente, igual que la persona espiritual, pero que, en lugar de seguir los impulsos del Espíritu día a día, decide seguir los impulsos de la carne. Su vida diaria se parecerá mucho más al de la persona natural —al no cristiano— que al de la persona espiritual:

- **Su mente estará consumida por pensamientos malsanos.**
- **Abrumado por emociones negativas**
- **Su cuerpo esté demostrando señales de estrés.**

- Vive de modo opuesto a su identidad en Cristo, su verdadera identidad.
- Sentimientos de inferioridad, inseguridad, ineptitud, culpa, preocupación y duda.
- Estará atascado en ciertos pecados (Romanos 7:15-24).

Pablo describe lo mal que se siente al estar atascado en el ciclo pecar-confesar como «miserable» o «desdichado». Porque en la realidad nuestro espíritu está unido al Espíritu de Dios, y nos deleitamos en la ley de Dios. Deseamos de verdad seguir sus caminos. Y sin embargo nos atascamos y caemos vez tras vez — quizá regresamos a comer para calmarnos, al chisme, o al pecado sexual. Al final nos sentimos como casos perdidos. Y llegamos a la conclusión, errada, de que no hay salida.

No se pone en duda la salvación del cristiano carnal. El problema es, ¿qué podrás lograr en tu vida en tal estado?

Obstáculos al crecimiento

Si sientes que eres más bien una persona carnal que una espiritual, no te machaques. El amor de Dios hacia ti no ha cambiado y sigues siendo santo. Examinemos cuáles son los obstáculos y cómo enfrentarlos:

El engaño

Cuando esos patrones de pensamiento se vuelven más y más arraigados y toman raíz en nuestro interior, les llamamos «bastiones». Éstas nos impiden ver las cosas tal como son y nos mantienen en el engaño. Los pensamientos más comunes de engaño que yo he visto son, por ejemplo, al hacer un curso como este:

- «Esto les servirá a otros, pero mi caso es especial y no me servirá a mí»
- «Yo nunca podría tener la fe de fulanito»
- «Dios jamás podrá usarme»

¡Va a tomar esfuerzo y determinación para deshacerse de una fortaleza! Pero en la sesión 8 te mostraremos un método muy eficaz que cualquiera puede usar.

Los conflictos personales y espirituales no resueltos

En Efesios 4:26 y 27 Pablo dice:

> «Si se enojan, no pequen. No dejan que el sol se ponga estando aún enojados, ni den cabida al diablo».

Dicho de otro modo, si no lidiamos con el enojo entonces se convierte en pecado de amargura o de falta de perdón. Pablo dice que cuando pecamos de este modo le damos entrada al diablo para impedirnos avanzar.

Por ejemplo, si nunca has perdonado de verdad a alguien que te hizo daño, dejas la puerta abierta de par en par al enemigo para que entre y te confunda, para impedir que conectes con la verdad, para impedir que avances. Y si no sabes que para cerrar la puerta debes obedecer a Dios, perdonar a la persona y echar al enemigo de tu vida, no importa lo bien que te prediquen la verdad. Sinceramente, puede que nunca captes la verdad para poder ponerla en práctica.

Hay una manera muy sencilla de deshacerse de esa agarradera del enemigo. Más adelante en el curso te daremos la oportunidad de participar en el proceso que hemos mencionado ya, *Los Pasos hacia la Libertad en Cristo*. Puedes usarlo para examinar todas las áreas de tu vida, para pedir que el Espíritu Santo te muestre áreas donde necesitas arrepentirte y cerrar la puerta al enemigo. Entonces, de manera tranquila y controlada, tomas la autoridad que tienes en Cristo como hijo de Dios, y te arrepientes de esas cosas, las rechazas y eso corta la habilidad del enemigo de confundirte y tenerte enganchado. Hemos encontrado que todo cristiano se beneficiaría de este proceso. Para muchos, será la clave para asimilar las verdades que enseñamos, para que pasen de la cabeza al corazón.

No asumir la responsabilidad por nuestras vidas

Y la última razón por la que puede que no avances, es que no has aprendido a tomar responsabilidad por aquellas cosas que Dios dice que eres responsable.

Pedro dice en 2 Pedro 1:3 «Su divino poder... nos ha concedido (tiempo pasado) todas las cosas que necesitamos (no **casi** todas) para vivir como Dios manda». Pablo está de acuerdo y en Efesios 1:3 dice que ya tenemos «**toda** bendición espiritual».

No tiene que ver con pedirle a Dios que haga algo más. Ni tiene que ver con buscar a alguna persona ungida que nos toque o que ore por nosotros.

Tiene que ver con saber quién eres: un hijo santo del Dios viviente que tiene todo lo que necesita para ser la persona que él lo llamó a ser. Y entonces entender qué quiere decir eso en la práctica, y de eso se trata este curso.

PAUSA PARA LA REFLEXIÓN 2:

1. ¿Te identificas con las descripciones de los tres tipos de personas que se mencionan en 1 Corintios 2:14 – 3:3? (no cristianos, cristianos carnales, cristianos espirituales)

2. ¿Cómo te han afectado los obstáculos al crecimiento mencionados para que tú muestres más características de la «persona carnal» que de la «persona espiritual»?

3. ¿Qué medidas prácticas y decisiones diarias podemos implementar para comportarnos como una «persona espiritual»?

Podemos escoger andar en el Espíritu cada día

Una vez que nos hemos comprometido a creer la verdad independientemente de nuestros sentimientos, y una vez que hemos lidiado con nuestros conflictos espirituales sin resolver, tenemos verdadera libertad para decidir cada día. Regresamos a la posición de Adán y Eva antes de la caída, capaces de decidir libremente. Y ese libre albedrío le importa mucho a Dios.

Pablo escribió «Vivan por el Espíritu, y no seguirán los deseos de la carne» (Gálatas 5:16).

La decisión clave que tomamos cada día es si obedecemos los impulsos de la carne o la dirección del Espíritu Santo. Y los dos se oponen.

¿Qué significa andar en el Espíritu?

Andar en el Espíritu NO es:

Un mero sentimiento.

A veces el Espíritu Santo nos toca y sentimos mucho gozo o paz. Y eso es hermoso, pero ser lleno del Espíritu día a día es mucho más. Porque si basamos nuestra vida en sentirnos bien, siempre estaremos buscando «el secreto» para sentirnos mejor y constantemente ansiaremos nuevas experiencias. Conozco tanta gente en nuestras iglesias adicta a que oren por ellas. Buscan un sentir en especial o una catarsis emocional. Pero no dan fruto, hasta que se hacen responsables de su propio crecimiento espiritual.

Un permiso para hacer lo que nos da la gana

Algunos creen que libertad significa que podemos deshacernos de todas las pautas que Dios nos ha dado para vivir de forma responsable. Puedes intentarlo, y por un tiempo tu pecado preferido puede parecer libertad, pero tarde o temprano te das cuenta que es esclavitud. La pregunta clave es: ¿puedes parar? Si no puedes, te has vuelto esclavo del pecado.

Un legalismo (obedecer al pie de la letra)

El Antiguo Testamento reveló la naturaleza moral de Dios, pero nadie pudo vivir a su altura. La intención de la ley era llevarnos a Cristo, enseñándonos cuanto le necesitamos.

Y Pablo dice «si los guía el Espíritu, no están bajo la ley» (Gálatas 5:18).

Cuando vivir para Dios es simplemente obedecer una serie de reglas o comportarnos de cierto modo, nuestro caminar con él se vuelve pesado. Es difícil continuar y muy fácil darse por vencido. Dios no es alabado por gente que obedece porque creen que es su obligación. Él quiere que le obedezcamos porque queremos hacerlo, porque nos deleita hacer su voluntad.

Andar en el Espíritu ES:

Una verdadera libertad

«Donde está el Espíritu del Señor, allí hay libertad» (2 Corintios 3:17).

El diablo no puede obligarte a andar en la carne, aunque intentará atraerte hacia ella. Tenemos la libertad de ser las personas que Dios diseñó y decidir vivir por fe, en el poder del Espíritu Santo.

Ser guiado

Jesús dijo «Mis ovejas oyen mi voz; yo las conozco y ellas me siguen» (Juan 10:27).

En los tiempos del Nuevo Testamento, las ovejas no eran dirigidas por detrás, sino que seguían voluntariamente al pastor.

Caminar al ritmo de Dios en la dirección correcta

«Venid a mí todos vosotros que estáis cansados y agobiados, y yo os daré descanso. Cargad con mi yugo y aprended de mí, pues yo soy apacible y humilde de corazón, y encontraréis descanso para vuestra alma. Porque mi yugo es suave y mi carga es liviana» (Mateo 11:28-30).

Cargar el yugo de Jesús no funciona si solo tira uno. No lograremos nada si esperamos que Dios lo haga todo. Tampoco lograremos nada de valor eterno si intentamos hacerlo todo por nuestra cuenta. Solo Jesús sabe el ritmo adecuado y la dirección correcta. Cuando andamos con él aprendemos que sus caminos son ligeros y encontramos descanso para nuestra alma.

¿Cómo podemos saber si estamos andando por el Espíritu?

Así como distingues un árbol por su fruto, sabes si estás andando en el Espíritu por el fruto en tu vida.

Si te dejas guiar por el Espíritu, tu vida crecerá en amor, gozo, paz, paciencia, amabilidad, bondad, fidelidad, mansedumbre y dominio propio (Gálatas 5:22-23).

Si estás viviendo conforme a la carne, eso también será evidente en tu vida (Gálatas 5:19-21).

Quizá te has dado cuenta durante esta sesión que vives según la carne. ¿Cuál es la respuesta apropiada? Simplemente confiésalo, deshazte de cualquier puerta abierta al enemigo, invita al Espíritu Santo que te llene, y empieza a obedecer los impulsos del Espíritu en lugar de los de la carne. Andar en el Espíritu es una experiencia día a día, de cada momento. Cada momento de cada día puedes decidir si andar en el Espíritu o andar en la carne.

PAUSA PARA LA REFLEXIÓN 3:

Pablo dijo a su joven discípulo Timoteo:

> Por eso te recomiendo que avives la llama del don de Dios que recibiste cuando te impuse las manos. Pues Dios no nos ha dado un espíritu de timidez, sino de poder, de amor y de dominio propio (2 Timoteo 1:6-7).

1. ¿Quién era responsable de «avivar la llama» del Espíritu Santo en la vida de Timoteo? ¿Dios, Pablo o Timoteo?

2. ¿Quién es responsable de hacerlo en tu vida? ¿De qué maneras podemos hacerlo?

Toma un tiempo en oración en silencio para comprometerte a caminar en el Espíritu en lugar de la carne y avivar el don del Espíritu Santo.

 TESTIFICAR

¿Cómo explicarías a una persona no cristiana los beneficios de ser llena del Espíritu, en términos que ella pudiera entender?

 ESTA SEMANA

Comienza cada día comprometiéndote a caminar en el Espíritu en lugar de la carne. Pídele al Espíritu Santo que te guíe.

La mente, el campo de batalla

¿DE QUÉ SE TRATA?

OBJETIVO: Entender que aunque nuestro enemigo al diablo nos tienta constantemente a creer mentiras, no tenemos que creer cada pensamiento que nos viene a la mente, sino que podemos contrastarlo con la verdad y decidir si aceptarlo o rechazarlo.

BASE BÍBLICA: Efesios 6:11: «Poneos toda la armadura de Dios para que podáis hacer frente a las artimañas del diablo».

VERDAD BÍBLICA: Todos estamos en una batalla espiritual. El campo de batalla es nuestra mente. Si estamos al corriente de cómo obra Satanás, no caeremos en sus trampas.

 BIENVENIDA

¿Alguna vez te han engañado, aunque fuera de broma? ¿Cómo fue?

 ADORACIÓN

Tema: Su autoridad es nuestra autoridad.

Colosenses 2:15, 20, Lucas 10:19, Mateo 28:18, 20, Efesios 6:11–18.

 LA PALABRA:

La batalla es real

Nosotros no solo nos enfrentamos al mundo y a la carne. La Biblia enseña que tenemos un tercer enemigo, el demonio, a quien Jesús llama «el padre de la mentira» (Juan 8:33). La buena noticia es que Jesús vino específicamente a destruir las obras del diablo (1 Juan 3:8).

La tendencia de aquellos de nosotros criados bajo la cosmovisión occidental, es de vivir como si el mundo espiritual no existiese. Desde el comienzo de Génesis hasta el final de Apocalipsis hay un tema continuo en la Biblia, y es la batalla entre el Reino de la luz y el reino de las tinieblas; entre el Espíritu de verdad y el padre de la mentira; entre el Cristo y el anticristo.

Estamos en la batalla sea que nos guste o no. Pablo nos dice que no luchamos contra sangre y carne, luchamos contra las huestes espirituales de maldad en las regiones celestiales (ver Efesios 6:10-18).
Si no entendemos que estamos en una batalla o cómo funciona la batalla, terminaremos siendo una baja – anulados en nuestro caminar con Dios.

Satanás el impostor

Cuando Dios creó a Adán y Eva para gobernar sobre el mundo, el diablo tuvo que arrastrarse a sus pies en forma de serpiente.

Pero cuando logró que pecaran, Adán y Eva le cedieron a Satanás su derecho divino de gobernar el mundo. Y por eso Jesús se refiere a él como «el príncipe de este mundo» (Juan 12:31). También se le llama «el que gobierna las tinieblas» (Efesios 2:2), y se nos dice que el mundo entero está bajo su control (1 Juan 5:19).

Satanás no es como Dios

Dios y Satanás no son poderes iguales pero opuestos, o algo parecido. A Satanás le encanta que creas eso. La Biblia hace una distinción clara entre el Creador y lo creado (ver Juan 1:3), e igual que nosotros, Satanás es solo un ser creado.

Satanás solo puede estar en un lugar a la vez

Por eso podemos inferir que solo puede estar en un sitio a la vez. Él gobierna este mundo mediante una red de "principados, potestades, poderes y huestes espirituales de maldad en las regiones celestiales" (Efesios 6:12), diferentes tipos o niveles de ángeles caídos. La Biblia no nos dice mucho más que eso. Supongo que es porque no necesitamos saber más.

Solo Dios está en todo lugar a la vez.

El poder y autoridad de Satanás no se comparan con los de Dios

En la cruz, todo cambió y Jesús desarmó a Satanás, (Colosenses 2:15). Ahora Satanás solo puede operar dentro de ciertos límites que Dios pone (ver Judas 1:6). Simplemente él **no puede** entrar a tu vida e infligir daño y destrucción.

Satanás no lo sabe todo

Toda práctica ocultista, tiene que ver con la mente o con el futuro. Satanás no conoce ninguna de ellas a la perfección.

No hay evidencia alguna en la Biblia de que Satanás pueda leer tu mente, y mucha evidencia de que no puede. Toda interacción entre ángeles y personas o demonios y personas en la Biblia sucede en voz alta.

En el capítulo 2 de Daniel, Dios le dio al rey Nabucodonosor un sueño. El rey exigió a sus magos y hechiceros que le interpretasen el sueño, pero primero tenían que decirle qué había soñado. Y no podían decirle. Porque su fuente de información –los demonios– no podían meterse en la mente del rey y averiguar lo que había soñado. De haber podido, lo hubieran hecho para impedir que Daniel avanzase al servicio del rey.

Solamente Dios conoce el futuro. Satanás solo conoce lo que Dios ha revelado.

Eso no significa que Satanás no puede poner ideas en tu mente, lo cual la Biblia enseña claramente que puede.

Cómo obra Satanás

Satanás siembra pensamientos en nuestra mente

«El Espíritu dice claramente que, en los últimos tiempos, algunos abandonarán la fe para seguir inspiraciones engañosas y doctrinas diabólicas» (1 Timoteo 4:11).

Tres ejemplos bíblicos para entender cómo nos puede afectar sin darnos cuenta:

«Satanás conspiró contra Israel e indujo a David a hacer un censo del pueblo» (1 Crónicas 21:1)

¿Hubiera David hecho un censo si se hubiera dado cuenta que la idea provenía de Satanás? ¡Por supuesto que no! Entonces David creyó que la idea era suya, aunque la Biblia deja claro que no lo era.

«Llegó la hora de la cena. El diablo ya había incitado a Judas Iscariote, hijo de Simón, para que traicionara a Jesús» (Juan 13:2).

¿No fue la idea de Judas? Pues no. La Biblia deja claro que la idea vino del diablo. Y cuando Judas se dio cuenta de las implicaciones de su traición, fue y se colgó.

«—Ananías —le dijo Pedro—, ¿cómo es posible que Satanás haya llenado tu corazón para que le mintieras al Espíritu Santo y te quedaras con parte del dinero que recibiste por el terreno?» (Hechos 5:3).

Ananías seguramente pensó que la idea era suya, pero nuevamente la Biblia deja claro que venía de Satanás. Fue engañado y hubo consecuencias catastróficas. Dios lo derribó. Creo que eso sucedió porque Dios quería enviar un mensaje a la iglesia primitiva, y a nosotros, que es peligroso jugar con la verdad.

Si Satanás puede poner ideas en nuestra mente, también puede hacer que parezcan nuestras. No las anuncia con una risa. ¿No preferiría poner ideas en tu mente de modo que parezcan tuyas? «Soy un inútil», «Soy feo». Es muy importante que entendamos que no toda idea que entra a nuestra cabeza es nuestra.

PAUSA PARA LA REFLEXIÓN 1

1. El diablo, ¿te parece más o menos poderoso de lo que imaginabas? ¿De qué modo?

2. «No todo pensamiento que llega a tu cabeza es tuyo» (por ejemplo: «soy un inútil» o «soy sucio»). ¿Cuál es tu experiencia con esto?

3. Mirando hacia atrás, ¿puedes identificar ocasiones en las que un pensamiento que tuviste bien pudo haber sido del enemigo? Esos pensamientos, ¿son siempre falsos por completo o contienen medias verdades?

Satanás obra mediante la tentación, la acusación y el engaño

Imagínate tu vida cristiana como una carrera, y la pista se extiende delante de ti. Satanás no te puede cerrar el paso ni puede evitar que seas todo lo que Dios diseñó. Lo único que puede hacer es gritar desde el graderío.

Intentará tentarte diciendo « ¡Oye! ¡Mira lo que tengo aquí! Ven por ello. Hará que te sientas mejor, nadie se tiene que enterar. Sabes que lo quieres».

O te gritará acusaciones « ¡Cómo! ¡Otra vez la fastidiaste! Eres un desastre de cristiano. Mejor te sientas y tiras la toalla».

También te mentirá descaradamente «Perdona, vas en la dirección equivocada. La meta está por allá».

Satanás intenta que pequemos, que desarrollemos patrones negativos de pensamiento, tal como «No tengo reme- dio» o «Yo nunca seré capaz», y de engañarnos para que pensemos como el mundo «Yo puedo resolverlo solo» o «Solo necesito pensamiento positivo».

Los cristianos más derrotados se tragan las mentiras y se sientan, «Es verdad, no tengo remedio». Otros se paran para discutir con los pensamientos, pero no avanzan. Los cristianos victoriosos simplemente los **ignoran**. Toman todo pensamiento cautivo a la obediencia de Cristo y continúan corriendo hacia la meta.

El engaño es la estrategia predilecta de Satanás porque si eres engañado, por definición, no lo sabes.

Satanás gana terreno en nuestra vida por medio del pecado

Como mencionamos en la última sesión, Efesios 4:26-27 dice que, si no lidias rápidamente con el pecado, le das al diablo un espacio en tu vida. Podemos ver el mismo principio en 2 Corintios 2:10-11:

> **«A quien ustedes perdonen, yo también lo perdono. De hecho, si había algo que perdonar, lo he perdonado por consideración a ustedes en presencia de Cristo, para que Satanás no se aproveche de nosotros, pues no ignoramos sus artimañas».**

El punto de entrada más grande de Satanás es el pecado de falta de perdón.

Si Satanás nos lleva a pecar, gana terreno en nuestras vidas que él puede usar para impedirnos avanzar, como si estuviéramos en una pieza de elástico.

La relación entre el creyente y los demonios

En el centro de tu ser tu espíritu está conectado al Espíritu de Dios y Satanás no te puede arrebatar. Has sido comprado con la sangre del Cordero (1 Pedro 1:18-19). Entonces no estamos hablando de «posesión».

Pero si sucumbimos a tentación, la acusación o el engaño de Satanás, él gana terreno en nosotros, en nuestra mente (1 Pedro 5:8). Su objetivo es neutralizarnos o incluso utilizarnos para llevar a cabo sus planes (por ejemplo: Hechos 5:3).

Leemos en 2 Corintios 4:4 que Satanás «ha cegado la mente de estos incrédulos» y las puertas abiertas a Satanás funcionan del mismo modo en los creyentes. Causan cierta ceguera espiritual y dificulta su conexión con la verdad. Y por eso para madurar no basta la buena enseñanza. Puede que no podamos conectar con ella. Necesitamos también deshacernos del terreno cedido al enemigo.

La buena noticia es que deshacernos del terreno cedido al diablo no es difícil, no es dramático, y tendrás la oportunidad de hacerlo, de modo tranquilo y controlado cuando hagamos *Los Pasos hacia la Libertad en Cristo*. Muchos son capaces, entonces, de asimilar la verdad.

PAUSA PARA LA REFLEXIÓN 2

1. «Si yo te engaño, por definición no lo sabes». ¿Cómo has llegado (o puedes llegar) a ser consciente del engaño en tu vida?

2. ¿Qué pasos prácticos has tomado (o puedes tomar) para «llevar cautivo todo pensamiento» a la obediencia a Cristo (2 Corintios 10:5)?

3. ¿Si le hemos dado al enemigo un lugar de influencia a través del pecado, cómo podemos recuperar ese terreno de acuerdo a Santiago 4:7?

Nuestra defensa

Entender nuestra posición en Cristo

Efesios 1:19-22 dice que Jesús está sentado a la derecha de Dios, el sitio máximo de autoridad, «muy por encima de todo gobierno y autoridad, poder y dominio». Dios ha puesto todo bajo sus pies y nos dice que Jesús es la «cabeza de todo».

Y ¿cuál es nuestra posición?

Efesios 2:6 dice que «Dios nos resucitó con Cristo y nos hizo sentar con él en las regiones celestiales». Ahora estamos sentados con Jesús, **muy** por encima de todo poder demoníaco. No apenas, sino muy por encima.

Usar los recursos que tenemos en Cristo

Aunque Satanás ha sido derrotado, aún «ronda como león rugiente, buscando a quién devorar» (1 Pedro 5:8).

Sin embargo, Santiago 4:7 dice «sométanse a Dios. Resistan al diablo, y él huirá de ustedes». Siempre y cuando permanezcas sometido a Dios, cuando

resistas al diablo, él tiene que huir de ti. Esto se aplica a todo cristiano, sin importar cuán débil o frágil te sientas, o cuánto tiempo hayas sido cristiano. Todo creyente tiene la misma autoridad y el mismo poder en Cristo sobre el mundo espiritual.

No tengas miedo

Lo único amenazante de un demonio ¡es su boca! Como un perro que ladra mucho y fuerte, pero sin dientes. A la verdad los demonios tienen temor de los cristianos que entienden la magnitud y poder de la autoridad que tienen en Cristo. Satanás y sus demonios no tienen poder sobre nosotros a menos que se lo cedamos.

¿Cuál es la mejor reacción al hecho de que estamos rodeados de demonios? Simplemente, fija tu mirada en Jesús y vive una vida justa por fe y en el poder del Espíritu Santo. Lo último que debes hacer es buscar un demonio a cada vuelta de la esquina.

Sin embargo, los cristianos que no se percatan de la presencia de demonios, que no entienden cómo operan, y que no saben cómo protegerse, corren peligro.

> «Jesucristo, que nació de Dios, lo protege, y el maligno no llega a tocarlo». (1 Juan 5:18)

Cuida tu mente

También necesitamos tener cuidado con lo que dejamos entrar en nuestra mente.

Varias prácticas espirituales orientales han entrado en el mundo de los negocios, en las escuelas, e incluso en las iglesias y pueden ser peligrosas. A menudo quieren que pongamos nuestras mentes «en blanco».

> Dios mío, examíname y conoce mis pensamientos; ponme a prueba y reconoce todos mis pensamientos. Fíjate si tengo algún mal pensamiento y guíame por el sendero que me lleva hacia ti. (Salmos 139: 23-24)

Es bueno pedir a Dios que examine nuestro corazón. Pero nunca se nos instruye a dirigir el pensamiento hacia adentro o mantenerlo en blanco, sino hacia fuera y activo. En 1 Corintios 14, hablando de lenguas y profecía, Pablo dice que si oras con el espíritu, también debes orar con la mente.

Dios nunca circunvala nuestra mente. Él trabaja a través de ella.

Enciende la luz

Algunas personas se preocupan si las ideas que tienen son del enemigo o no. Pues esa es la pregunta incorrecta. Lo que tienen que preguntarse no es de dónde vienen las ideas, más bien ¡si son verdad o mentira! Debemos «llevar cautivo todo pensamiento» (2 Corintios 10:5). No importa si la idea viene de mí mismo, de mi memoria, de la televisión, del Internet o de un espíritu de engaño. ¡Si no es verdad, no la voy a creer!

¿Acaso debemos revisar nuestras ideas y reprenderlas cada 5 minutos para ver si Satanás ha puesto algún pensamiento? No. Si estás en una habitación a oscuras y quieres ver, no empiezas a reprender la oscuridad. Simplemente enciendes la luz. No te enfoques en el enemigo, enfócate en la verdad.

Los cajeros del banco son entrenados para identificar los billetes falsos estudiando los billetes auténticos. Llegan a conocerlos de manera que puedan detectar uno falso cuando llegue. Del mismo modo, nuestra defensa frente al engaño es conocer la verdad.

No nos enfoquemos en el enemigo. Al contrario, Pablo nos instruye que pensemos en:

> «todo lo verdadero, todo lo respetable, todo lo justo, todo lo puro, todo lo amable, todo lo digno de admiración, en fin, todo lo que sea excelente o merezca elogio» (Filipenses 4:8).

LA REFLEXIÓN 3:

1. Sabemos que el que ha nacido de Dios no está en pecado: Jesucristo, que nació de Dios, lo protege, y el maligno no llega a tocarlo (1 Juan 5:18). Dialoga en el grupo sobre esta poderosa verdad y cómo se aplica a tu vida cotidiana.

2. Lee Efesios 6:10-18 y haz una pausa después de cada pieza de la armadura de Dios para orar. En oración imagina que te pones cada pieza y comprométete a lo que representa. Por ejemplo:

«Me pongo el cinturón de la verdad. Me comprometo a creer que soy águila, no gallina, que soy fuerte y valiente, no asustadiza y cobarde...

«Me visto con la coraza de justicia (= rectitud). Me comprometo a ser correcto en mi relación matrimonial, a tratar con honra y respeto a mi esposa, no despreciarla ni criticarla...»

 ### TESTIFICAR

¿Cómo crees que actúa Satanás en las vidas de tus amigos no creyentes? ¿Qué puedes hacer por ellos para ayudarles a creer?

 ### ESTA SEMANA

Medita en los siguientes versículos: Mateo 28:18; Efesios 1:3-14; Efesios 2:6-10; Colosenses 2:13-15.

ROMPER CON EL PASADO

Dios no cambia nuestro pasado, pero por su gracia nos hace libres de él. En esta sección del curso vemos cómo podemos afirmarnos en lo que Cristo ha hecho por nosotros. Esta sección incluye hacer *Los Pasos hacia la Libertad en Cristo.*

La vida emocional equilibrada.

¿DE QUÉ SE TRATA?

OBJETIVO: Entender nuestra naturaleza emocional y su relación con lo que creemos y cómo podemos llevar una vida emocional saludable.

BASE BÍBLICA: 1 Pedro 5:7, 8: «Depositad en él toda ansiedad, porque él cuida de vosotros. Practicad el dominio propio y manteneos alerta. Vuestro enemigo el diablo ronda como león rugiente, buscando a quien devorar».

VERDAD BÍBLICA: Nuestras emociones son mayormente el producto de nuestros pensamientos y un indicador de nuestra salud espiritual.

 BIENVENIDA

¿Te describirías como una persona emotiva? Comparte con el grupo algún evento reciente que te causó muchas alegría o tristeza.

 ADORACIÓN

Tema: Dios nos creó y nos conoce bien. Salmos 139

 LA PALABRA:

A Dios se le describe con un lenguaje emocional

Nos ama tanto que se le describe como «celoso» (Éxodo 34:14).

Sabemos que es posible «entristecer» al Espíritu Santo (Efesios 4:30).

Jesús lloró frente a la tumba de Lázaro (Juan 11:35) y también cuando vio la ciudad de Jerusalén (Lucas 19:41).

No podemos controlar directamente cómo nos sentimos

Fuimos hechos a imagen de Dios, entonces compartimos esa naturaleza emocional.

Pero no podemos apagar y encender nuestras emociones con un control remoto, como la televisión. Aunque no puedes controlarlas directamente puedes cambiarlas con el tiempo, a medida que tomas la decisión de cambiar lo que sí puedes controlar. Y lo que puedes controlar es lo que crees.

Las emociones negativas — como una luz roja de alarma

Las emociones son a tu alma lo que la habilidad de sentir el dolor es a tu cuerpo.

Si vas al dentista por un empaste y te dan anestesia, te dirán que no comas nada por un rato después de eso. Podrás pensar que eso es para no dañar el empaste, pero en realidad, no es tanto para proteger el empaste sino para proteger el tejido suave de tu boca, como tu lengua y tus mejillas. Comer con una boca adormecida es peligroso. Será muy fácil que destroces tu lengua y tus mejillas cuando mastiques porque no puedes sentir nada.

Dios nos dio la capacidad de sentir dolor para nuestra protección.

Si no pudieras sentir dolor físico, acabarías cubierto de moretones y cicatrices, en cuestión de semanas.

Y las emociones negativas tienen la misma función, pero para nuestra alma. ¿No sería maravilloso jamás sentir depresión, ansiedad o enojo? No, no lo sería.

Hazte la idea que tus emociones son como esa luz roja que se enciende

ocasionalmente en tu automóvil. La luz te alerta que hay un problema en el motor.

Nuestra reacción natural cuando aparece una emoción dolorosa puede ser ignorarla. Pero eso es como agarrar un trozo de cinta y cubrir la luz roja, «Aquí no pasa nada, no veo ninguna luz, ¡solucionado!». Ignorar nuestros sentimientos o escoger no enfrentarlos no es saludable. Es como querer enterrar vivo a un topo. Eventualmente salen a la superficie, generalmente de modo malsano, a menudo como enfermedades.

Otra manera de responder a la luz roja es agarrar un martillo y romperla. En otras palabras, explotamos con manifestaciones de rabia. «Vaya, ¡qué alivio! Necesitaba desahogarme». Pero es devastador para tu cónyuge, tus hijos, o cualquier otro en el perímetro de explosión.

La respuesta más adecuada, cuando se enciende la luz roja, es parar el automóvil y revisar el motor. Y esa es la mejor manera de manejar nuestras emociones negativas. Su función es alertarte que hay un problema con tus creencias.

Si lo que crees no refleja la verdad, entonces lo que sientes no reflejará la realidad.

En Lamentaciones 3:1-11 Jeremías está desesperado porque cree que Dios es la causa de sus problemas:

«Yo soy aquel que ha sufrido la aflicción bajo la vara de su ira.

Me ha hecho andar en las tinieblas; me ha apartado de la luz. Una y otra vez, y a todas horas, su mano se ha vuelto contra mí. Me ha marchitado la carne y la piel; me ha quebrantado los huesos. Me ha tendido un cerco de amargura y tribulaciones. Me obliga a vivir en las tinieblas como a los que hace tiempo murieron. Me tiene encerrado, no puedo escapar; me ha puesto pesadas cadenas.

Por más que grito y pido ayuda, él se niega a escuchar mi oración. Ha sembrado de piedras mi camino; ha torcido mis senderos. Me vigila como oso agazapado; me acecha como león. Me aparta del camino para despedazarme».

Pero mira lo que Jeremías creía. ¿Acaso era cierto? ¿Acaso Dios quebranta los huesos de sus siervos una y otra vez? ¿Acaso tiende cercos de amargura y tribulación? ¿Acaso se niega a escuchar nuestras oraciones? Claro que no.

¿Cuál es el problema? Que lo que Jeremías creía sobre Dios no era verdad. Dios no le había encerrado. Dios no era como un animal salvaje que lo despedazaba. Si Dios fuera tu esperanza y creyeras que él es así, ¡también te deprimirías!

Afortunadamente, Jeremías no se queda ahí. Se lo piensa y su perspectiva cambia. Y el pasaje continúa en Lamentaciones 3:19-24:

> «Estoy saturado de hiel y amargura. Siempre tengo esto presente, y por eso me deprimo. Pero algo más me viene a la memoria, lo cual me llena de esperanza: El gran amor del Señor nunca se acaba, y su compasión jamás se agota. Cada mañana se renuevan sus bondades; ¡muy grande es su fidelidad! Por tanto digo: 'El Señor es todo lo que tengo. ¡En él esperaré!'»

¿Cambiaron sus circunstancias? ¡En absoluto! ¿Acaso Dios cambió? No. Lo único que cambió fue su parecer, el modo de ver sus circunstancias.

PAUSA PARA LA REFLEXIÓN 1:

1. Mira el ejemplo de Jesús en Mateo 26:37 y el de David en 2 Samuel 6:14. ¿Qué nos enseñan estos pasajes acerca de expresar las emociones?

2. «Dios nos dio la habilidad de sentir dolor emocional para nuestra protección». ¿Estás de acuerdo? Si es así, ¿cómo crees que sucede en la práctica?

3. Comenta esta frase: «Si lo que crees no refleja la verdad, entonces lo que sientes no refleja la realidad».

Las emociones negativas nos pueden ayudar

Las hormonas y el clima pueden causar emociones negativas, pero en general éstas son un regalo de Dios para ayudarnos a descubrir algo que creemos que no es verdad. Y quiero hablar de dos áreas en las que son útiles:

1. Metas de vida equivocadas

La primera es lo que llamaré metas de vida equivocadas. Hemos visto cómo Dios nos creó para sentirnos aceptados, importantes y seguros.

Al crecer y ver toda nuestra vida por delante, nos demos cuenta o no, nos levantamos y trabajamos hacia aquello que pensamos que nos dará aceptación, importancia y seguridad. Consciente o inconscientemente desarrollamos una serie de «metas vitales». Pero ¿tus metas acaso coinciden con las metas de vida que Dios tiene para ti?

a. La ira señala una meta frustrada

Si sientes rabia a menudo, seguramente es porque algo o alguien ha bloqueado una de tus metas.

Supón que consciente o inconscientemente desarrollas la meta de tener una familia cristiana amorosa, armoniosa y feliz. ¿No es eso algo bueno? ¿Quién puede bloquear tu meta? ¡Cada persona de la familia! A fin de cuentas, tu influencia sobre tu familia es limitada y no puedes controlar cada factor. Si crees que lograr la meta de una familia feliz y armoniosa es lo que te hará sentir importante, te derrumbarás cada vez que tu cónyuge o hijos no cumplan con tu ideal de familia armoniosa.

b. La ansiedad señala una meta vital incierta

La ansiedad te avisa es que tu meta se siente incierta. Quieres que se dé, pero no hay garantía alguna de que suceda. Puedes controlar algunos factores, pero no todos.

Entonces, si crees que tu sentido de seguridad depende de tu éxito económico y esa es una meta vital para ti, seguramente sufrirás ansiedad. ¿Por qué? Pues porque no tienes garantía alguna de que acumularás suficiente dinero o seguridad financiera para respaldarte, o que si la tienes, que no pueda desaparecer en una crisis.

c. La depresión señala una meta imposible de alcanzar

Y algunas veces una meta vital ya incierta se vuelve aún más distante. Hasta el punto que empiezas a pensar que nunca se hará realidad, que es imposible. Y en ese punto tu ansiedad se convierte en depresión.

Quiero aclarar que las causas de la depresión son complejas. Hay hormonas y otras variantes en nuestro cuerpo y todo eso influye. Sin embargo, si no hay una causa física predominante, la depresión se basa a menudo en un sentido de desesperanza e impotencia. Pero no hay hijo de Dios que esté indefenso —sea cual sea su circunstancia.

Vamos a deshacernos de un montón de rabia, ansiedad y depresión si nos aseguramos de que nuestras metas vitales se ajusten a las metas de Dios para nosotros. Cualquier meta que Dios tenga para nosotros no la pueden bloquear ni otras personas ni circunstancias fuera de nuestro control. Y ¿cómo podemos estar tan seguros? Porque Dios nos ama demasiado para ponernos metas que no podamos alcanzar. En nuestra sesión final vamos a regresar a esto y ver cómo establecer metas de vida saludables.

2. Descubrir mentiras que han permeado nuestras creencias por experiencias del pasado

Todos hemos tenido algún tipo de experiencia traumática que nos ha marcado. Cuando tuviste esa experiencia negativa, la procesaste mentalmente en el momento. Pero seguramente hizo que creyeras algunas mentiras sobre Dios o sobre ti mismo. Por ejemplo «Los que me golpearon dijeron que yo era basura, supongo que lo soy»

Esas creencias son el resultado de esas experiencias horribles y no se van, más bien toman raíces y se vuelven fortalezas. En la sesión 8 veremos cómo demoler esos bastiones, pero por ahora reconozcamos esto: nos mantenemos atados al pasado no tanto por la experiencia traumática en sí, sino por las mentiras que nos hizo creer.

Los hijos de Dios no son el producto de su pasado. Ellos son ante todo el producto del pasado de Cristo, su obra en la cruz, su resurrección. Nadie puede cambiar su pasado, pero puedes ser libre de él. Y creo que ése es el mensaje del evangelio.

Cuando Jesús entró a la sinagoga en Capernaúm, él fue a lo que conocemos como Isaías 61y dijo «Hoy se cumple esta escritura en presencia de ustedes». Él estaba declarando cuál era su mandato divino:

«El Espíritu del Señor está sobre mí,
por cuanto me ha ungido
para anunciar buenas nuevas a los pobres.
Me ha enviado a proclamar libertad a los cautivos
y dar vista a los ciegos,
a poner en libertad a los oprimidos,
a pregonar el año del favor del Señor»
(Lucas 4:18-19).

Todo cristiano necesita los principios que enseñamos en este curso, pero lo maravilloso es que funcionan incluso para aquellos con heridas muy profundas. Jesús no vino para ayudarte a **sobrellevar**, bien o mal, los efectos del pasado. Él vino a ayudarte a **resolverlos** completamente. Tomará tiempo y será una lucha. Pero él está contigo en cada paso y realmente tiene todo lo que necesitas para resolver esos asuntos.

PAUSA PARA LA REFLEXIÓN 2:

1. Describe alguna meta de vida que creíste que te haría sentir importante, seguro y aceptado, pero que acabó siendo «bloqueada» o frustrada.

2. ¿Cómo es que las experiencias traumáticas nos llevan a creer una mentira acerca de nosotros mismos, de Dios o de Satanás?

3. Comenta estas frases: «Los hijos de Dios no son principalmente un producto de su pasado. Son principalmente un producto de la obra de Cristo en la cruz y de su resurrección. Nadie puede cambiar nuestro pasado, pero podemos escoger ser libres de él. De eso se trata el Evangelio».

Los peligros

En la última sesión vimos cómo el enojo puede darle al enemigo un punto de influencia en nuestras vidas si no resolvemos una ofensa rápidamente. La ansiedad supone un peligro similar.

Aquí hay un versículo que probablemente conoces: «Depositen en él toda ansiedad, porque él cuida de ustedes. Practiquen el dominio propio y manténgase alerta. Su enemigo el diablo ronda como león rugiente, buscando a quién devorar».

Quizá no sabías que van seguidos el uno del otro en 1 Pedro 5:7-8. Porque los dos comunican la misma idea. Pedro nos dice, primero, que tengamos dominio propio, que no dejemos que la ansiedad nos domine. Si no lo hacemos, el diablo, como león rugiente, intentará devorarnos.

Tres claves para la salud emocional

Saber quién eres en Cristo

Si conoces en lo más profundo de tu ser, tu verdadera identidad en Cristo, no irás buscando aceptación, importancia y seguridad en lugares incorrectos.

Si has sufrido un trauma en tu pasado, puedes aprender a reevaluar tus experiencias pasadas desde la perspectiva de quién eres ahora como hijo de Dios.

La verdad es que eres un hijo de Dios completo, limpio, santo con un potencial ilimitado en él. Puede que pienses «es que me han hecho cosas horribles que me hacen sentir sucio». Eso no cambia quién eres ahora. Puede que te sientas sucio, pero realmente no lo estás porque eres una nueva creación en Cristo. A medida que comprendes y crees esta verdad, y perdonas a quienes te hirieron profundamente, puedes caminar en tu libertad en Cristo.

Sé honesto

Salmos 109:6-15:

«Pon en su contra a un malvado; que a su derecha esté su acusador. Que resulte culpable al ser juzgado, que sus propias oraciones lo condenen. Que se acorten sus días, y que otro se haga cargo de su oficio. Que se queden huérfanos sus hijos; que se quede viuda su esposa. Que anden sus hijos vagando y mendigando; que anden rebuscando entre las ruinas. Que sus acreedores se apoderen de sus bienes; que gente extraña saquee sus posesiones. Que nadie le extienda su bondad; que nadie se compadezca de sus huérfanos. Que sea exterminada su descendencia; que desaparezca su nombre en la próxima generación. Que recuerde el Señor la iniquidad de su padre, y no se olvide del pecado de su madre. Que no les quite el Señor la vista de encima, y que borre de la tierra su memoria».

¿No te has sentido así alguna vez? ¿Alguna vez has orado así? ¿Sería correcto orar de ese modo? Pues David lo hizo, y Dios le inspiró a ponerlo por escrito.

¿Acaso no sabe Dios que te sientes así? Por supuesto que lo sabe. Dios sabe los pensamientos y las intenciones de tu corazón.

Entonces, si él ya lo sabe, ¿por qué no podemos ser honestos con él? ¿Seguiría amándonos si fuésemos completamente sinceros con él sobre cómo nos sentimos? ¡Sin lugar a duda!

Como Dios es tu Creador y tu amigo más íntimo, puedes ser completamente sincero con él en cuanto a tus sentimientos. De hecho, no puedes estar bien con Dios si primero no te sinceras. A veces Dios usa las circunstancias de tu vida para que te sinceres y así puedas estar bien con él.

Comprométete a creer la verdad sin importar lo que sientas

Nuestra libertad viene de conocer la verdad.

Si tú también has caído en cuenta que tu visión de Dios ha sido errada, lee la lista «Mi Padre Dios» en voz alta durante seis semanas. Traerá sanidad radical, te cambiará y tratará el dolor emocional que has experimentado.

PAUSA PARA LA REFLEXIÓN 3:

1. ¿Te cuesta decirle a Dios exactamente como te sientes? ¿Por qué sí o por qué no?

2. Revisa en silencio las declaraciones de «Mi Padre Dios» y pausa después de cada una para dejar que penetre en tu ser.

3. ¿Cómo es que el entender la verdad acerca de Dios facilita que seamos honestos con Él con respecto a nuestras emociones?

TESTIFICAR

Si estás enfadado, ansioso o deprimido, ¿crees que es mejor que los no creyentes que te rodean no lo sepan? ¿Por qué sí o por qué no?

 ESTA SEMANA

Considera la naturaleza emocional del Apóstol Pedro. Primero revisa las ocasiones donde dejó que sus emociones le dominaran y habló sin pensar: Mateo 16:21-23; Mateo 17:1-5; Juan 18:1-11. En segundo lugar, observa cómo Jesús pudo ver por encima de estas explosiones emocionales y ver su potencial: Mateo 16:17-19. Finalmente, observa cómo ese potencial se hizo realidad cuando Pedro, inspirado por el Espíritu Santo, se convirtió en el portavoz de la iglesia primitiva: Hechos 2:14-41. ¡Ningún aspecto de tu carácter es tan difícil que Dios no pueda sacar algo bueno de ello!

Mi Padre Dios

Renuncio a la mentira que dice que tú, Dios Padre, eres distante e indiferente hacia mí.

Decido creer la verdad que dice que tú, Dios Padre, estás siempre presente conmigo, tienes planes para darme un futuro y una esperanza, y has preparado buenas obras para mí. (Salmos 139:1–18; Mateo 28:20, Jeremías 29:11, Efesios 2:10)

Renuncio a la mentira que dice que tú, Dios Padre, eres insensible, no me conoces y no te preocupas por mí.

Decido creer la verdad que dice que tú, Dios Padre, eres amable y compasivo y conoces cada detalle de mí. (Salmos 103:8–14; 1 Juan 3:1–3; Hebreos 4:12–13)

Renuncio a la mentira que dice que tú, Dios Padre, eres severo y me cargas con expectativas inalcanzables.

Decido creer la verdad que dice que tú, Dios Padre, me aceptas como soy y me apoyas con gozo. (Romanos 5:8–11; 15:17)

Renuncio a la mentira que dice que tú, Dios Padre, eres frío y pasivo.

Decido creer la verdad que dice que tú, Dios Padre, eres cariñoso y afectuoso. (Isaías 40:11; Oseas 11:3–4)

Renuncio a la mentira que dice que tú, Dios Padre, estás ausente o estás demasiado ocupado para mí.

Decido creer la verdad que dice que tú, Dios Padre, siempre estás presente, quieres pasar tiempo conmigo y me animas a ser todo lo que tú diseñaste. (Filipenses 1:6; Hebreos 13:5)

Renuncio a la mentira que dice que tú, Dios Padre, eres impaciente, estás siempre enojado, o me has rechazado.

Decido creer la verdad que dice que tú, Dios Padre eres paciente y lento para la ira, y que tu disciplina es evidencia de tu amor, no de rechazo. (Éxodos 34:6; Romanos 2:4; Hebreos 12:5–11)

Renuncio a la mentira que dice que tú, Dios Padre, has sido malvado, cruel o abusivo hacia mí.

Decido creer la verdad que dice que Satanás es malvado, cruel y abusivo, pero tú, Dios Padre, eres amoroso, tierno y protector. (Salmos 18:2; Mateo 11:28–30; Efesios 6:10–18)

Renuncio a la mentira que dice que tú, Dios Padre, me niegas los placeres de la vida.

Decido creer la verdad que dice que tú, Dios Padre, eres el autor de la vida y me das amor, gozo y paz cuando decido ser lleno de tu Espíritu. (Lamentaciones 3:22–23; Gálatas 5: 22–24)

Renuncio a la mentira que dice que tú, Dios Padre, me quieres controlar o manipular.

Decido creer la verdad que dice que tú, Dios Padre me has hecho libre y me das libertad para tomar decisiones y crecer en tu gracia. (Gálatas 5:1; Hebreos 4:15–16)

Renuncio a la mentira que dice que tú, Dios Padre, me condenas y no me perdonas.

Decido creer la verdad que dice que tú, Dios Padre, has perdonado todos mis pecados y nunca me los echarás en cara. (Jeremías 31:31–34; Romanos 8:1)

Renuncio a la mentira que dice que tú, Dios Padre, me rechazas cuando no logro ser perfecto y libre de pecado.

Decido creer la verdad que dice que tú, Dios Padre, eres paciente conmigo y me limpias cuando caigo. (Proverbios 24:16; 1 Juan 1:7–2:2)

¡SOY LA NIÑA DE TUS OJOS! (Deuteronomio 32:9–10)

Perdonar de Corazón

¿DE QUÉ SE TRATA?

OBJETIVO: Distinguir entre lo que es perdón y lo que no lo es, y aprender a perdonar de corazón.

BASE BÍBLICA: Mateo 18:34, 35: «Y enojado, su señor lo entregó a los carceleros para que lo torturaran hasta que pagara todo lo que debía. Así también mi Padre celestial os tratará, a menos que cada uno perdone de corazón a su hermano».

VERDAD BÍBLICA: Para experimentar la Libertad en Cristo, debemos tratar a los demás de la misma forma en que Dios nos trata a nosotros, o sea, en base a un perdón completo y una aceptación plena.

BIENVENIDA

Lee Mateo 18:34, 45 o haz una escenificación usando el guion en las páginas 126-127. Luego trata de ponerte en el lugar de uno de los personajes y di lo que más te impacta de la historia.

ADORACIÓN

Tema: Dios nos perdona por completo. Hebreos 4:16; Efesios 3:12; Salmo 130:1-5.

LA PALABRA:

¿Por qué perdonar?

«A quien ustedes perdonen, yo también lo perdono. De hecho, si había algo que perdonar, lo he perdonado por consideración a ustedes en presencia de Cristo, para que Satanás no se aproveche de nosotros, pues no ignoramos sus artimañas».

2 Corintios 2:10-11

Nada le da a Satanás mayor posibilidad de impedir el crecimiento de la iglesia que la amargura y la división.

Dios lo manda (Mateo 6:9-15)

«Ustedes deben orar así: Padre nuestro que estás en el cielo, santificado sea tu nombre, venga tu reino, hágase tu voluntad en la tierra como en el cielo. Danos hoy nuestro pan cotidiano. Perdónanos nuestras deudas, como también nosotros hemos perdonado a nuestros deudores»

Mateo 6:9-12

Tu relación con Dios está atada a tu relación con otra gente. No puedes estar a buenas con Dios aisladamente de tu relación con otra gente.

«El que no ama a su hermano, a quien ha visto, no puede amar a Dios, a quien no ha visto».

1 Juan 4:20

Dios quiere que aprendamos a relacionarnos con los demás de la misma manera él se relaciona con nosotros.

Es esencial para nuestra libertad

Una enseñanza clave sobre el perdón está en Mateo 18:21-35:

«Pedro se acercó a Jesús y le preguntó: Señor, ¿cuántas veces tengo que perdonar a mi hermano que peca contra mí? ¿Hasta siete veces? No te digo que hasta siete veces, sino hasta setenta y siete veces» *(algunas traducciones ponen setenta veces siete).*

Jesús no sugiere aquí que hagas cuentas de cada vez que perdonas hasta llegar a 78, entonces sacas la pistola y le vuelas los sesos. Quiere decir que continúes perdonando por tu propio bien. Dios no quiere que sus hijos languidezcan en la amargura y estén encadenados a su pasado.

Nuestra deuda con Dios

Para perdonar con liberalidad necesitamos entender, primero, el alcance de nuestra propia deuda con Dios. En la historia de Lucas 7:36-50 un fariseo de nombre Simón organiza una fiesta e invita a mucha gente y a Jesús. Una mujer con fama de pecadora se cuela sin invitación. Ella empieza a lavar los pies de Jesús con sus lágrimas, a secarlos con su cabello, a ungirlos con aceite y a besarlos repetidamente. Molesto, Simón dice «Bueno, si fuera profeta sabría qué clase de mujer es». Jesús dijo: «si ella ha amado mucho, es que sus muchos pecados le han sido perdonados. Pero a quien poco se le perdona, poco ama».

¿Y tú? ¿Se te ha perdonado mucho o poco? Da igual lo buenos que creamos ser, nuestros logros son como un trapo sucio ante Dios (Isaías 64:6). Sin Cristo, todos recibimos condenación. A todos se nos ha perdonado mucho, nos demos cuenta o no. Pero cuando nos damos cuenta, nuestra capacidad para amar a los demás aumenta.

Pagar la deuda es imposible

Jesús sigue en Mateo 18: 23-26

«El reino de los cielos se parece a un rey que quiso ajustar cuentas con sus siervos. Al comenzar a hacerlo, se le presentó uno que le debía miles y miles de monedas de oro. Como él no tenía con qué pagar, el señor mandó que lo vendieran a él, a su esposa y a sus hijos, y todo lo que tenía, para así saldar la deuda.

El siervo se postró delante de él. «Ten paciencia conmigo —le rogó—, y te lo pagaré todo».

Miles de monedas de oro era un montón enorme, sobrepasaba el sueldo de toda una vida. Actualmente sería como una cantidad de siete cifras. Lo que Jesús intenta mostrarnos con una cantidad tan grande es que devolver ese dinero era imposible. ¡No era posible que el siervo pagara esa deuda!

¿Cuán grande era tu deuda con Dios? Demasiado grande para poder pagarla. Para que el sirviente solucione este asunto, se necesita otra salida.

La necesidad de misericordia

«El señor se compadeció de su siervo, le perdonó la deuda y lo dejó en libertad». (Versículo 27)

Justicia es dar a la gente exactamente lo que se merece.

Dios es justo. Es parte de su carácter. Si nos diera lo que merecemos, todos iríamos al infierno.

Pero afortunadamente Dios también es misericordioso y encontró una manera de perdonarnos y aceptarnos sin transigir con la justicia. El castigo que merecíamos cayó sobre Cristo.

Misericordia es no dar a la gente lo que se merece.

Se nos pide que extendamos misericordia a los demás así como Dios nos ha extendido misericordia. Pero nuestro generoso Dios va más allá. No solo tomó sobre sí mismo nuestro castigo para que fuésemos libres. Además nos llena de regalos que no merecemos.

Gracia es dar a la gente lo que no se merece.

Dios nos dio la pauta con su propio ejemplo. Y espera que tratemos a los demás exactamente del mismo modo. No debemos dar a la gente el castigo que merecen. Debemos extenderles perdón y bendición que no merecen, de igual manera que el amo hizo con el siervo, y lo que Jesús hizo por nosotros. Todo comienza con la relación que Dios estableció con nosotros, «Lo que ustedes recibieron gratis, denlo gratuitamente» (Mateo 10:8).

PAUSA PARA LA REFLEXIÓN 1:

1. ¿Por qué a veces las personas (incluso los cristianos) no estamos dispuestas a perdonar?

2. Para comprender la importancia de perdonar a otros, debemos comprender la inmensidad del perdón que hemos recibido. Comenta esa idea.

3. Observa nuestras definiciones de justicia, misericordia y gracia. ¿Cómo se acerca Dios a nosotros cuando nos equivocamos? ¿Cómo podemos tratar a los demás de esa manera?

Para que Satanás no se aproveche de ti (2 Corintios 2:10-11)

«Al salir, aquel siervo se encontró con uno de sus compañeros que le debía cien monedas de plata».

Una moneda de plata era el salario de una jornada de trabajo. Cien monedas de plata era el sueldo de tres meses. No es poco pero mucho menos de lo que él debía.

«Lo agarró por el cuello y comenzó a estrangularlo. «¡Págame lo que me debes!», le exigió. Su compañero se postró delante de él. «Ten paciencia conmigo —le rogó—, y te lo pagaré».

«Pero él se negó. Más bien fue y lo hizo meter en la cárcel hasta que pagara la deuda. Cuando los demás siervos vieron lo ocurrido, se entristecieron mucho y fueron a contarle a su señor todo lo que había sucedido. Entonces el señor mandó llamar al siervo. «¡Siervo malvado! —le increpó—. Te perdoné toda aquella deuda porque me lo suplicaste. ¿No debías tú también haberte compadecido de tu compañero, así como yo me compadecí de ti?»

«Y enojado, su señor lo entregó a los carceleros para que lo torturaran hasta que pagara todo lo que debía. Así también mi Padre celestial les tratará a ustedes a menos que cada uno perdone de corazón a su hermano».

En el Nuevo Testamento, «tortura» se refiere a aflicción espiritual. Es la misma palabra que el demonio usó en Marcos 5:7 cuando le dijo a Jesús «¡Te ruego por Dios que no me atormentes!»

Jesús nos advierte, que si no perdonamos a otros de corazón, sufriremos algún tipo de aflicción espiritual. Dicho de otro modo, dejaremos la puerta abierta a la influencia del enemigo o al ataque espiritual sobre nuestras vidas.

Perdonar de corazón

Perdonar a alguien de corazón significa que tienes que sincerarte con tus emociones ante Dios y ante ti mismo, enfrentarte al dolor y a las heridas que sientes. Nosotros recomendamos un método sencillo pero eficaz dentro de *Los Pasos hacia la Libertad en Cristo.* Te acercas a Dios y te sinceras con él.

Le dices «Señor Jesús, decido perdonar a...» y le dices a quién, «por...» y le dices qué te hizo, «porque me hizo sentir...» y le dices cada dolor y herida que sentiste.

Animamos a que la gente siga este proceso hasta que cada herida que sale a la luz haya sido tratada. Necesitamos que Dios nos lleve al núcleo emocional donde necesitamos sanidad.

Esto va a ser duro, va a ser difícil. Pero lo hacemos para deshacernos del dolor que hemos cargado. No podemos sobreponernos al pasado hasta que perdonamos.

Un punto clave para entender el perdón es este: no es tanto un asunto entre nosotros y la otra persona, sino entre nosotros y Dios. Porque es él quien nos manda a perdonar. Ni siquiera tenemos que hablar con la otra persona para perdonarle. De hecho, el proceso de perdón no les involucra para nada, es solo entre nosotros y Dios.

Jesús sí dice que si vamos a la iglesia y recordamos que alguien tiene algo en contra de nosotros, dejemos nuestra ofrenda y nos reconciliemos con la persona. Si has ofendido a alguien, ve a la persona, pídele perdón y, si puedes, arregla el asunto. Pero si alguien te ofende a ti, no vas a ellos, vas a Dios. Tu necesidad de perdonar a los demás es sobre todo un asunto entre tú y Dios. Si lo piensas, tiene su lógica, porque tu libertad no puede depender de los demás, o no te la podría garantizar.

Después de perdonar puede que te reconcilies con la otra persona o puede que no. La reconciliación no depende solo de ti. Sea que te reconcilies o no, has eliminado el gancho del enemigo que te impedía avanzar.

Perdonamos para acabar con el dolor

Cuando perdonas es por tu propio bien. Puede que pienses «Es que no sabes cuánto me han herido». Pero ¿no ves que te siguen hiriendo? ¿Cómo puedes eliminar el dolor? Decide perdonar.

Si decidimos no perdonar a alguien lo que nos hizo, permanecemos enganchados al dolor que nos causó. Por alguna razón creemos que al perdonar estamos soltando a la persona, cuando en realidad los enganchados somos nosotros.

Aferrarnos a la amargura y a la falta de perdón es como tomar veneno y esperar que la otra persona se muera.

PAUSA PARA LA REFLEXIÓN 2:

1. ¿Cómo te sientes ante la idea de que la falta de perdón le abre una puerta al enemigo en tu vida?

2. «Mientras más tiempo permanezcas enganchado, más dolor te va a causar». Comenta esta frase.

3. ¿Qué piensas de esta afirmación: «Cuando se trata del perdón, el asunto crítico no es entre nosotros y la otra persona, sino entre nosotros y Dios»?

Lo que es y no es el perdón

No puedes eliminar el dolor al intentar olvidarlo sin más.

Algunos dirán «Pero ¿no se supone que Dios olvida nuestros pecados?» (Jeremías 31:34). Bueno, Dios lo sabe todo – no podría olvidar incluso aunque quisiera hacerlo. Lo que Dios dice es «nunca más me acordaré de sus pecados». «Los separaré de mi tan lejos como el oriente está de occidente».

Si un hombre le dice a su esposa «Te he perdonado, pero recuerdas el 10 de enero del 2013?» Sabes que en realidad quiere decir «No te he perdonado, sigo usando el pasado en tu contra». Entonces parte del compromiso de perdonar es decir «Nunca más voy a sacar el pasado y usarlo en tu contra»

Perdonar no es tolerar el pecado

Perdonar tampoco significa que tenemos que tolerar el pecado hacia nosotros. ¿Dios perdona? Sí. ¿Acaso tolera el pecado? Para nada. No puede hacerlo.

Tienes el derecho de ponerle fin a ese pecado, estableciendo límites bíblicos, o apartándote de esa situación. Y eso no contradice al perdón. Si no le pones fin al abuso repetitivo, continuará.

No es buscar la venganza

Este es el tropiezo principal que la gente tiene con el perdón. Recordamos aquello horrible que nos hicieron y, con razón, queremos justicia, queremos la venganza.

Por alguna razón creemos que perdonarlos significa fingir que no ha pasado nada, que no importa. Dios dice al respecto:

«No se venguen, hermanos míos, sino dejen el castigo en las manos de Dios, porque está escrito: «Mía es la venganza; yo pagaré», dice el Señor» (Romanos 12:19).

Dios no te está pidiendo que finjas que no pasó nada y que no importa. De hecho, la verdad es todo lo contrario. Él promete que si se lo entregas, él se asegurará de que nada quede en el olvido. Porque cuando perdonas, sueltas a la otra persona, pero no significa que Dios la suelte.

Cuando decides perdonar, y es una decisión, estás dando el paso de fe de confiar que Dios es el juez justo que pesará lo que sucedió en su balanza y exigirá un pago. Nada va a quedar en el olvido, nada. Dios va a exigir un pago por cada cosa que se hizo en tu contra. Toda persona que pecó contra ti responderá ante Dios un día y tendrá que dar razón de lo que hizo. Entonces, su deuda será pagada por la sangre de Cristo, si la persona ha aceptado ese regalo gratuito, o sufrirá el juicio de Dios. «Yo pagaré». Un día, Dios arreglará toda cuenta pendiente.

Cuando perdonas, decides dar un paso de fe y confiarle a Dios lo sucedido, entregarle todo el dolor, todas las demandas de justicia, confiar que él se encargará de hacer justicia. Mientras tanto, tú puedes liberarte de esa carga.

Perdonar es aceptar vivir con las consecuencias del pecado de otro

Parte de perdonar es aceptar que vives con las consecuencias del pecado de otros, las consecuencias de lo que te hicieron. Tú me dirás «Pero no es justo». Y no lo es. Sin embargo tienes que hacerlo, quieras o no. Solo puedes decidir si vivir con esas consecuencias en la libertad del perdón, o en la amargura del resentimiento.

Conclusión

Perdonar es liberar a un preso, y entonces darte cuenta que el preso eras tú.

Es un asunto entre tú y Dios. Él te ordena perdonar porque te ama. Él sabe que la amargura te contamina a ti y a los demás, y es un obstáculo para la vida abundante que Jesús vino a darte. No podrás ser un discípulo que da mucho fruto si no perdonas.

Algunas veces la gente sufre preguntándose si lo que sucedió estaba bien o mal, y quizás incluso justifica por qué alguien hizo lo que hizo. Te lo advierto –no lo hagas–. En el perdón no importa tanto quién tenía la razón y quién no. Si te sentiste ofendido, necesitas perdonar, sin importar cualquier otra circunstancia.

Tendrás la oportunidad de perdonar cuando pasemos a través de *Los Pasos hacia la Libertad en Cristo*. Hay algunas pautas en las páginas 122-125 que te prepararán para eso.

PAUSA PARA LA REFLEXIÓN 3:

Pasa un tiempo orando por aquellas personas que han expresado su deseo de perdonar a otros cuando hagamos Los Pasos hacia la Libertad en Cristo. No hace falta que compartan nada, sólo que oren unos por otros.

Dialoga sobre las siguientes afirmaciones:

«Perdonar tiene poco que ver con la persona que te lastimó»

«Perdonar no es olvidar»

«Dios te asegura que se hará justicia»

TESTIFICAR

¿Cómo le desafía el tema del perdón a alguien que todavía no es un creyente en Jesús? ¿Hay maneras de demostrar el perdón a alguien que todavía no conoce a Dios.

ESTA SEMANA

Pídele al Espíritu Santo que prepare tu corazón, te lleve a toda verdad y empiece a revelarte las áreas que debes sacar a la luz cuando hagas *Los Pasos hacia la Libertad en Cristo*.

Pasos hacia el perdón

PASO 1. Pídele a Dios que te revele los nombres de las personas a las que debes perdonar

Haz una lista de todas las personas que Dios te muestre. Pídele al Espíritu Santo que te ayude y apunta los nombres en otra hoja. Incluso si piensas que no hay nadie, pídele a Dios que te enseñe los nombres que hagan falta. Los dos nombres más ignorados son el tuyo y el de Dios.

Perdónate a ti mismo: Solo Dios puede perdonar tus pecados, pero para mucha gente, sobre todo para los perfeccionistas, lo más difícil es que se perdonen a sí mismos por haber fallado. Perdonándote aceptas el perdón de Dios y te niegas a hacer caso a las acusaciones del diablo. A muchas personas les ayuda poder decir: «Me perdono por... (enumera todas las cosas por las que no te has perdonado) y dejo todo esto atrás».

Perdona a Dios: Es más difícil entender por qué debemos perdonar a Dios, ya que Dios no ha hecho nada malo. Solo ha actuado para tu bien. Pero ya sea porque no has entendido el plan más amplio de Dios o porque le echaste la culpa por algo que otras personas o el diablo hicieron, tal vez tienes la impresión de que Dios te defraudó.

Hay mucha gente decepcionada o incluso enfadada con Dios porque no respondió a sus oraciones; les dio la impresión que a Dios no le importaba. Necesitaban ayuda, pero no llegó. Normalmente les da vergüenza admitir eso. Pero Dios ya lo sabe y no le asusta.

Si te sientes incómodo diciéndole a Dios que le perdonas, puedes formular esta oración: «Suelto las expectativas, los pensamientos y los sentimientos que he tenido contra ti».

PASO 2. Reconoce el dolor y el odio acumulado

Jesús nos mandó perdonar de corazón. Eso es mucho más que decir «te perdono» y pretender que todo está solucionado. Para perdonar de corazón tenemos que enfrentarnos con el dolor y el odio. Intentamos suprimir el dolor emocional, pero necesitamos sacarlo para dejarlo atrás.

PASO 3. Entiende la importancia de la cruz

La cruz hace que el perdón sea legal y moralmente correcto. Jesús ya pagó tu pecado y el de todas las personas que te han hecho daño. Murió «una vez y para siempre» (Hebreos 10:10). Cuando el corazón te dice «no es justo», recuerda que la justicia está en la cruz.

PASO 4. Decide soportar el peso del pecado de cada persona

Tienes que decidir no utilizar en el futuro la información que tienes contra esa persona.

> «El que perdona la ofensa cultiva el amor; el que insiste en la ofensa divide a los amigos» (Proverbios 17:9). Eso no significa que no te puedas presentar como testigo ante un juzgado, pero sí significa que no lo haces con amargura y falta de perdón sino habiendo perdonado de corazón.

PASO 5. Decide perdonar

El perdón es un acto de la voluntad. Si esperas hasta que sientas hacerlo, es probable que nunca lo hagas. Tal vez sientes que no puedes, pero Dios no te pide algo que no puedas hacer. Cuando él dice que todo lo puedes hacer en Cristo que te da la fuerza (Filipenses 4:13) es la verdad. En realidad, es una decisión que tienes que tomar. ¿Vas a seguir amargado, cautivo del pasado, permitiendo que el enemigo entre en tu mente, o lo vas a soltar de una vez por todas?

Perdonar es una **decisión**, y tomarla significa aceptar vivir con el pecado y sus consecuencias. Decides dejar la ira para Dios y confiar en que él haga justicia. Decides llevarlo a la cruz y dejarlo allí. Las puertas del infierno no prevalecen contra el Reino de Dios. No hay nadie en el mundo que pueda impedir que seas la persona que Dios quiere que seas, eres el único que lo puede impedir. Tienes que perdonar, tener misericordia y amar como Cristo te amó. Deja esa persona atrás, sigue adelante con tu vida, camina libre en Cristo.

PASO 6. Lleva tu lista ante Dios

Para perdonar de corazón di, por ejemplo: «Señor, decido perdonar a mi padre», y luego especifica de qué lo perdonas. Sigue con esa persona hasta haberle contado a Dios todo el dolor que ha surgido, y sé lo más específico que puedas. Te puede ayudar dar un paso más y decir cómo te sentiste: «Decido perdonar a mi padre por habernos dejado, lo cual me hizo sentir abandonado».

Es normal que surjan lágrimas en este momento, pero esto no va de hacer que las personas lloren. Se trata de ser lo más exhaustivo posible. Una mujer dijo: «No puedo perdonar a mi madre, la odio». Cuando reconoció por primera vez sus sentimientos de odio, en ese mismo instante, fue cuando pudo perdonar. Sin admitir que odiaba a su madre no habría podido perdonar.

Ora por cada persona que necesitas perdonar, con palabras como estas: «Señor, hoy yo escojo perdonar a (nombre de la persona) por (lo que te ha hecho o dejado de hacer), que me ha llevado a sentirme (exprésale al Señor cada herida o dolor que él traiga a tu mente)».

Pon atención a lo que dices después de «lo que me ha llevado a sentirme». Normalmente se repite la misma palabra (Por ejemplo: abandonado, tonto, sucio) varias veces. Eso puede revelar un bastión mental que tus experiencias te han llevado a creer. Puedes demoler esos bastiones diciendo por ejemplo: «Renuncio a la mentira que soy tonto. Anuncio la verdad que dice que tengo la mente de Cristo» (1 Corintios 2:16). «Renuncio a la mentira de que estoy abandonado. Anuncio la verdad que dice que Dios prometió nunca dejarme ni abandonarme» (Hebreos 13:5). En la Sesión 10 del curso Libertad en Cristo te vamos a enseñar una estrategia específica para demoler estos bastiones.

PASO 7. Destruye la lista

Ahora eres libre de esas personas y de esos acontecimientos del pasado. Destruyes la lista como un acto simbólico de que estás dejando atrás tu dolor y resentimiento.

PASO 8. No esperes que tu perdón cambie a las personas perdonadas

Perdonar a otros tiene que ver únicamente contigo y con tu relación con Dios. Ora por las personas a las que has perdonado, pide que reciban bendición y que ellas también puedan encontrar la libertad del perdón (Mateo 5:44, 2 Corintios 2:7).

PASO 9. Intenta entender a las personas a quienes has perdonado

Tal vez te ayude entender algo sobre la persona a la que has perdonado, pero no vayas tan lejos como para racionalizar el pecado. No se trata de decir: «Aquí no pasó nada», porque sí pasó.

PASO 10. Espera en ti resultados positivos del perdón

Perdonas no para sentirte bien, perdonas para ser libre. Sin embargo, las emociones positivas pueden ser una consecuencia. Tendrás que concentrarte en la renovación de tu mente para que las formas de pensar negativas sean sustituidas por la verdad.

PASO 11. Agradécele a Dios por lo que has aprendido y por la madurez adquirida

Ahora eres libre para avanzar y crecer como cristiano.

PASO 12. Acepta tu parte de culpa en las ofensas que sufriste

Confiesa tu parte en el pecado y mantente consciente de que estás perdonado. Si te das cuenta de que alguien tiene un problema contigo, ve a verle y reconcíliate. Si lo haces, concéntrate simplemente en confesar tus fallos en vez de enumerar los suyos.

Escenificación
Mateo 18:21-25

Personajes: Pedro, Jesús, Siervo 1, Siervo 2, Señor (amo)

Pedro: Señor, ¿cuántas veces tengo que perdonar a mi hermano que peca contra mí? ¿Hasta siete veces?

Jesús: No te digo que hasta siete veces, sino hasta setenta y siete veces (o setenta veces siete). Por eso el reino de los cielos se parece a un rey que quiso ajustar cuentas con sus siervos. Al comenzar a hacerlo, se le presentó uno que le debía miles y miles de monedas de oro [diez mil talentos]. Como él no tenía con qué pagar, el señor mandó que lo vendieran a él, a su esposa y a sus hijos, y todo lo que tenía, para así saldar la deuda. El siervo se postró delante de él.

Siervo 1: Ten paciencia conmigo, y te lo pagaré.

Jesús: El señor se compadeció de su siervo, le perdonó la deuda y lo dejó en libertad. Al salir, aquel siervo se encontró con uno de sus compañeros que le debía cien monedas de plata. Lo agarró por el cuello y comenzó a estrangularlo.

Siervo 1: ¡Págame lo que me debes!

Jesús: Su compañero se postró delante de él.

Siervo 2: Ten paciencia conmigo, y te lo pagaré.

Jesús: Pero él se negó. Más bien fue y lo hizo meter en la cárcel hasta que pagara la deuda. Cuando los demás siervos vieron lo ocurrido, se entristecieron mucho y fueron a contarle a su señor todo lo que había sucedido. Entonces el señor mandó llamar al siervo.

Señor: ¡Siervo malvado! Te perdoné toda aquella deuda porque me lo suplicaste. ¿No debías tú también haberte compadecido de tu compañero, así como yo me compadecí de ti?

Jesús: Y enojado, su señor lo entregó a los carceleros para que lo torturaran hasta que pagara todo lo que debía. Así también mi Padre celestial os tratará, a menos que cada uno perdone de corazón a su hermano.

Los Pasos hacia la Libertad en Cristo.

Resolver conflictos personales y espirituales

Esta sección está diseñada para brindarte información general sobre *Los Pasos hacia la Libertad en Cristo.*

Los Pasos hacia la Libertad en Cristo ("los Pasos") es una herramienta que todo cristiano puede usar para recuperar cualquier terreno cedido anteriormente al enemigo al resolver conflictos espirituales y personales. Es un proceso tranquilo y respetuoso diseñado por el Dr. Neil T. Anderson. Los Pasos vienen en un pequeño libro que se publica separadamente de este. ¡Creo que te encantará!

Me ha preocupado escuchar que a algunas iglesias (afortunadamente una pequeña minoría) les encantan las sesiones del curso, pero no ven la necesidad de llevar a las personas por *Los Pasos hacia la Libertad en Cristo.* Sin pensarlo, han optado por la cosmovisión occidental que nos predispone a pensar que la buena enseñanza por sí sola es suficiente para que la gente conozca la verdad. Sin embargo, si no le quitamos al enemigo los recursos que tiene para interferir en nuestra mente, es probable que en poco tiempo perdamos lo que hemos ganado. Aunque la gente haya disfrutado de la enseñanza, si no cierran las puertas al enemigo para que deje de afectar su mente, es poco probable que las verdades aprendidas tengan un efecto duradero.

¿Cuáles son estos conflictos personales y espirituales? Como hemos visto, Efesios 4:26-27 dice: «'Si se enojan, no pequen': No permitan que el enojo les dure hasta la puesta del sol, ni den cabida al diablo.»

Si permitimos que la ira nos lleve al pecado, le damos «cabida» al diablo, es decir, un «punto de apoyo» en nuestra vida. La expresión «punto de apoyo» es «topos» en griego y literalmente significa un «lugar». Si Satanás es capaz de llevarnos a pecar, él puede ganar un «lugar» en nuestra vida. Con respecto a la batalla por la mente, él gana influencia en nuestro pensamiento. Esos puntos de apoyo parecen darle la habilidad de cegarnos a la verdad de la misma manera que ciega la mente de los incrédulos (ver 2 Corintios 4:4).

Esa es la razón por la que a veces no somos capaces de comprender la verdad ni de aferrarnos a ella y por la que a veces parece tan escurridiza.

Recuerdo la primera vez que me di cuenta de ello. Estaba guiando a alguien por los Pasos, y parecía ser una persona normal, educada y centrada. Cuando le pedí que leyera la oración de apertura, la miró durante un rato y dijo que no podía leer las palabras de la página. ¿Qué estaba pasando? Había interferencia espiritual. Había tantos puntos de influencia del enemigo en la mente de esa persona, que los estaba usando – muy eficazmente – para evitar que la persona avanzase. El enemigo no se salió con las suyas, por supuesto, y al final de Los Pasos, para demostrar el cambio, le pedí que leyera la oración de nuevo. Como era de esperarse, pudo leerla fácilmente porque ya había resuelto sus asuntos pendientes.

¿Cómo se resuelven esos problemas? De manera muy sencilla y sin drama. El proceso está basado en Santiago 4:7: « Así que someteos a Dios. Resistid al diablo, y él huirá de vosotros.»

En *Los Pasos hacia la Libertad en Cristo*, comienzas pidiéndole al Espíritu Santo que te muestre todo punto de apoyo que el enemigo haya ganado en tu vida a través de pecados que has cometido en el pasado. A medida que él te revela esos pecados, decides arrepentirte y renunciar a ellos. Debido a que el poder y la autoridad que tienes en Cristo es mucho mayor que la del enemigo, le habrás quitado el derecho de influenciarte.

Habiéndote sometido a Dios, al final del proceso le ordenas al enemigo que abandone tu presencia. Porque como ya has tratado con los asuntos que el Espíritu Santo te ha revelado, el enemigo no tendrá más remedio que huir de ti.

El proceso de Los Pasos es tranquilo y respetuoso. Tú tienes el control y el resultado está en tus manos. Se da entre tú y Dios. Si tratas con todo lo que el Espíritu Santo te muestra, al final del proceso serás libre en Cristo. No son Los Pasos sino Jesucristo quien te hace libre.

Los Pasos son una herramienta que te ayudará a repasar la historia de toda tu vida en una sesión integral. Es algo que trato de hacer una vez al año, ¡siempre me asombra la cantidad de basura que puedo acumular en ese tiempo!

El *Curso de Discipulado de Libertad en Cristo* tiene una duración de 10 semanas. ¿Sabes cuánto tiempo tomaba la iglesia primitiva para discipular a los nuevos conversos? ¡Tres años! Gran parte de ese tiempo lo dedicaban a lidiar con el tipo de asuntos que se tratan en los Pasos. Sería triste que la gente lo viese como un programa que uno hace para poder tacharlo de su lista. El beneficio real se obtiene cuando la gente se apropia de los principios detrás de los Pasos, cuando no solo obtienen su libertad sino que permanecen en libertad y crecen en madurez porque los principios se han convertido en un estilo de vida.

¿Qué cubren los pasos?

Los Pasos nos dan la oportunidad de ponerlo todo sobre la mesa ante Dios y pedirle que revele cualquier cosa que el enemigo pueda usar para impedir que avancemos.

Repasemos las áreas que abarcan Los Pasos para ver qué tipo de pecado puede dar lugar al enemigo.

El ocultismo

Es posible que el enemigo te haya tentado en el pasado a participar en una práctica de ocultismo, a menudo para «divertirte un poco». Pero sin importar el motivo por el cual participaste, le estabas pidiendo consejo al enemigo. En el Antiguo Testamento, esto se consideraba una ofensa tan grave que las personas que practicaban el ocultismo debían ser apedreadas a muerte, y quienes las consultaban también enfrentaban medidas severas. Hay advertencias similares sobre los falsos maestros y los falsos profetas en el Nuevo Testamento.

El asunto principal en los Pasos no es tu salvación, sino tu madurez, tu capacidad de dar fruto. Recuerda que estás en una batalla contra alguien que es impotente ante el hecho de que ahora le perteneces a Cristo, pero puede intentar convertirte en una víctima espiritual, en un cristiano que no da fruto. Satanás usará todos los medios para retenerte. Si puede encontrar una manera de influir en tu forma de pensar, lo hará.

Algunos piensan que si algo sucedió hace mucho tiempo, ya no puede tener consecuencias ahora. Ese no es el caso. Imagínate al enemigo como un abogado corrupto que escudriña tu vida pasada con una lupa en busca de cualquier cláusula que pueda encontrar para obtener la influencia que busca. Se parece a lo que sucede a veces en la arena política, cuando alguien se postula para un puesto de alto perfil. Inmediatamente sus enemigos políticos y los medios de comunicación comienzan a hurgar en su pasado para ver qué pueden encontrar para detenerlo. Lo que haces en el proceso de los Pasos es negarle al enemigo toda posibilidad de detenerte al resolver todo aquello que él quería usar en tu contra.

En cada una de estas áreas, comienzas pidiendo al Espíritu Santo que traiga a tu mente todo pecado no resuelto que permita que el enemigo te detenga al influir en tu pensamiento. En este primer paso, el Espíritu Santo puede recordarte una ocasión en la que usaste la tabla ouija como un juego en la escuela. ¿Eso es un problema? Pues, si le pides al Espíritu Santo que te muestre cuáles son los problemas y eso te viene a la mente, sería prudente asumir que él ha respondido a tu petición y que es un problema a tratar. Y es muy sencillo resolverlo. Simplemente dices algo como: «Confieso que usé la tabla ouija, renuncio a ella y recupero todo terreno que el enemigo haya ganado en mi vida». Hay una oración como esta en el libro de los Pasos. ¿Puede tener algún efecto el mero hecho de repetir unas pocas palabras? Ciertamente lo tienen. ¿Por qué? No es el poder de las palabras en sí sino el poder y la autoridad de quien las dice: ¡eres un hijo de Dios sentado con Cristo a la diestra del Padre! Tu palabra tiene peso.

Se parece a la forma de operar de la iglesia primitiva. Ellos animaban a la gente a decir: «Renuncio a ti, Satanás, a todas tus obras y a todos tus caminos». Luego renunciaban específicamente a toda experiencia religiosa falsa de su pasado, a todo voto o promesa falsa que hubiesen hecho, y a todo maestro o doctrina falsa en la que hubiesen creído.

También necesitamos mirar nuestras prioridades e identificar áreas de nuestra vida que se han vuelto más importantes para nosotros que Dios. Estos se llaman «ídolos». Originalmente, la palabra se refería a los dioses falsos que los israelitas del Antiguo Testamento fueron tentados a adorar, pero nuestro uso moderno del término no es tan diferente.

¿Por qué los israelitas fueron tentados a adorar a Baal, un dios de los cananeos, por ejemplo? Porque él era el dios de la fertilidad y les prometía abundancia en sus cosechas, así como una oportunidad para la lujuria en las ceremonias de fertilidad. ¿No se parece a los ídolos que nos tientan, como los bienes materiales, el dinero y el sexo? La principal diferencia, quizás, es que es nos es más fácil engañarnos y creer que no hay un problema.

Un compromiso con la verdad

Estamos en una batalla espiritual. Es una batalla entre el padre de la mentira (Juan 8:44) y el Espíritu de Verdad (Juan 16:13) y toma lugar en nuestra mente. Ya hemos visto la importancia de comprometernos con la verdad. Esta debe ser una actitud continua.

Las estrategias de Satanás son esencialmente tres: puede tentarnos, acusarnos y engañarnos. De los tres, el engaño es el más poderoso, porque si nos engañan, por definición no nos damos cuenta. Y no es solo Satanás quien se propone engañarnos. El mundo y la carne lo han estado haciendo desde que nacimos. También podemos engañarnos a nosotros mismos. Lo más grave es que el engaño, por definición, se siente como si fuera la verdad.

De cierto modo, todo el proceso de los Pasos tiene que ver con la verdad y la mentira. La mayoría de las personas salen con la capacidad de identificar por primera vez las mentiras en las que han estado creyendo y con una estrategia para renovar su mente.

Perdonar a los demás

A quien ustedes perdonen, yo también lo perdono. De hecho, si había algo que perdonar, lo he perdonado por consideración a ustedes en presencia de Cristo, para que Satanás no se aproveche de nosotros, pues no ignoramos sus artimañas. (2 Corintios 2:10-11)

Si te preguntas dónde puede haber actividad demoníaca en la Iglesia occidental, puedes encontrarla en la división entre los cristianos. En mi experiencia, nada te mantiene más esclavizado al pasado que la falta de voluntad para perdonar. Nada le da a Satanás mayor oportunidad para detener el crecimiento de una iglesia que las raíces de amargura, la falta de perdón y la murmuración.

Vimos en la Sesión 7 que para evitar el tormento (o «tortura») que proviene de la falta de perdón, Jesús dice que debemos perdonar de corazón. ¿Qué significa perdonar de corazón? Es sincerarnos sobre lo que nos hicieron, cuánto nos lastimó y cuán mal estuvo. No significa apresurarnos a decir «perdono a fulano por todo lo que me hizo» y pensar que ya está. Si vamos a perdonar de verdad, tenemos que enfrentarnos al dolor y al odio que sentimos. Tenemos que ser honestos con Dios.

En los Pasos, usamos la fórmula: «Elijo perdonar a (nombras a la persona) por (lo que hizo o no hizo), porque me hizo sentir (mencionas los sentimientos dolorosos: rechazado, sucio, inútil, inferior.)» Animamos a las personas a ser honestas al contarle a Dios cada dolor que recuerdan y a dar tiempo a que aflore todo lo que él quiera tratar. Debemos permitir que Dios acceda al núcleo emocional donde seremos sanados.

No niego que esto sea doloroso o difícil, porque lo es. Sin embargo, no es un ejercicio vano. Lo hacemos para resolver por completo esos asuntos y deshacernos del dolor que hemos estado cargando. No podemos dejar atrás el pasado hasta que perdonemos.

Dios no te está pidiendo que finjas que no ocurrió nada, como si no importara. Todo lo contrario, él promete que si entregas el asunto en sus manos, él se asegurará de que no caiga en el olvido.

Mira cuidadosamente lo que él dice:

No os venguéis, hermanos míos, sino dejad el castigo en las manos de Dios, porque está escrito: «Mía es la venganza; yo pagaré», dice el Señor. (Romanos 12:19).

Cuando perdonas, aunque liberas a esa persona, no la eximes de las consecuencias. Cuando eliges perdonar, tomas un paso de fe y confías en que Dios exigirá justicia por todo lo que se ha hecho en tu contra. Todos los que pecaron contra ti tendrán que presentarse ante Dios y rendir cuentas: si la persona es cristiana lo pagará la sangre de Cristo, y si no lo es, se enfrentará al juicio divino. Un día, Dios saldará toda cuenta.

Puedes entregar todo ese dolor y esas demandas de justicia y venganza a Dios con la confianza de que él pagará. Él hará justicia. Mientras tanto, tú puedes ser libre de esa carga.

Perdonar no quiere decir que aquí y ahora las consecuencias de la ofensa puedan cambiarse o rectificarse. Cuando perdonamos, tenemos que aceptar vivir con las consecuencias del pecado de otra persona. No es justo, pero no tenemos opción. La única opción que tenemos es vivir con las consecuencias del pecado de otro desde la libertad o desde la amargura.

Por otro lado, algunas personas empiezan a dudar si lo que sucedió estuvo mal o no. Se preguntan si entendieron mal o encuentran motivos para justificar lo que la persona hizo. Yo intento disuadir que vayan en esa dirección. Porque el perdón no tiene que ver con ser objetivos con los hechos —si estuvo bien o mal. Se trata de limpiar la basura de tu vida y dejarla atrás. Si te sentiste ofendido, debes perdonar, ya sea que la persona obrara bien o mal.

También animamos a la gente a que considere si necesitan perdonar a Dios. Obviamente, desde un punto de vista objetivo, Dios no obra mal: él es perfecto. Sin embargo, es posible que sintamos que él nos ha hecho daño; tal vez habíamos orado que alguien se sanara y murió; tal vez no entendemos por qué permitió que ciertas cosas sucedieran. Si hemos estado dolidos con Dios, aunque reconozcamos intelectualmente que él no ha actuado mal, necesitamos liberarnos de esos sentimientos. Si te sientes incómodo diciendo «Dios, te perdono», puedes decir algo como «Dios, suelto mi resentimiento contra ti».

Asimismo sugerimos que consideres perdonarte a ti mismo. A muchas personas les pesa tanto las cosas que hicieron y las malas decisiones que tomaron, que no las sueltan. Perdonan a otros pero no se perdonan a sí mismas. Cuando eligen perdonarse a sí mismas, están aceptando la realidad de que Dios ya les ha perdonado y les ha hecho una nueva creación en Cristo.

Recibí esta carta de alguien que hizo *Los Pasos hacia la Libertad en Cristo*:

> «Tomamos un momento en silencio para presentarnos ante Dios con la lista de personas a quienes debíamos perdonar. El Señor me trajo a la memoria una época de gran dolor. Hace 41 años tuve una niña y me

obligaron a darla en adopción. Siempre me había culpado por no haber sido fuerte para luchar por ella y conservarla. Al revivir este momento en mi mente, el Señor me pidió que me perdonara. Le dije que no sabía cómo hacerlo, que las palabras parecían inadecuadas.

Entonces el Señor me dio una imagen del bebé acostado en una cuna a mi lado; incluso llevaba un pequeño gorro. Me pidió que la levantara y la pusiera en Sus brazos, diciendo que ella era suya y que él siempre la cuidaría y que ahora podía perdonarme a mí misma.

Hice lo que me pidió y sé, sin comprenderlo completamente, que una enorme cadena en el reino espiritual se rompió. Dios me dio libertad de la gran culpa que había cargado».

La rebelión

¿Qué harías si descubrieras que alguien en tu iglesia practica la brujería? Esa sería una pregunta interesante para tus líderes; me atrevo a decir que el asunto no pasaría desapercibido.

¿Qué harías si descubrieras que alguien en tu iglesia es rebelde. Que, por ejemplo, critica a los líderes y rehúsa seguir el liderazgo de quienes Dios ha puesto para cuidar de él? Esa es una pregunta aún más interesante porque ¡seguro que te vienen varias personas a la mente!

Hay un versículo muy interesante en este contexto: «La rebeldía es tan grave como la adivinación,» (1 Samuel 15:23). A los ojos de Dios, la rebelión y la brujería son prácticamente lo mismo en su grado de seriedad.

Vale la pena leer ese versículo unas cuantas veces más y reflexionar sobre él. Porque a la mayoría no nos parece que la brujería y la rebelión estén a la par. Pero Dios dice que lo están.

La razón por la que la rebelión no nos parece tan grave es porque el mundo influye fácilmente en nuestra visión, y en nuestra sociedad la rebelión es la norma. Hay una falta general de respeto por los que están en el gobierno, por ejemplo. Pero la Biblia es clara en que Dios estableció toda autoridad gobernante y nos pide que seamos sumisos a ellas (Romanos 13:1-5; 1 Pedro 2:13-17). Los cristianos a menudo albergan un espíritu rebelde al igual que el resto de la sociedad.

Sin duda no tenemos que obedecer a quienes traspasan los límites de su autoridad. Solo necesitamos someternos a las autoridades que actúan dentro de los límites dados por Dios. Sin embargo, cuando lo hacen, nuestra responsabilidad es someternos, tanto si estamos de acuerdo con ellos como si no.

Cuando eliges someterte a una ley que consideras absurda (tal vez un límite de velocidad), o una esposa elige someterse a un esposo que no es perfecto para nada, es un acto de fe en Dios. Confiamos en que Dios nos protegerá. Pero Dios no quiere que aparentemos sumisión en lo externo, sino que busca una sumisión sincera y de corazón a quienes él ha puesto en autoridad sobre nosotros.

Cuando pienso en la sumisión, recuerdo que de niño solía jugar a la lucha libre con mi padre. Cuando me tenía pillado yo debía gritar «me someto». En otras palabras, «me someto» era admitir mi derrota, mi debilidad. Pero para los cristianos, la sumisión es siempre una opción. Dios nunca nos obliga a hacerlo. El ejemplo máximo de una vida de sumisión es el mismo Jesús:

> **En los días de su vida mortal, Jesús ofreció oraciones y súplicas con fuerte clamor y lágrimas al que podía salvarlo de la muerte, y fue escuchado por su reverente sumisión. (Hebreos 5:7)**

La elección de someterse a las autoridades que Dios ha establecido es una señal de gran fortaleza de carácter. Rebelarse contra Dios y las autoridades que él ha establecido es pecado. Es un asunto serio porque le da a Satanás la oportunidad de atacar. Por lo tanto, nos conviene tomar la decisión de vivir bajo la autoridad de Dios y de quienes él ha puesto sobre nosotros para nuestra protección espiritual.

El orgullo

Aquí hay un versículo escalofriante del Antiguo Testamento: «El Señor es excelso, pero toma en cuenta a los humildes y mira de lejos a los orgullosos.» (Salmo 138: 6). Dios mantiene su distancia de los orgullosos. Si somos orgullosos no escucharemos su voz, no conoceremos su cercanía. El orgullo consiste básicamente en pensar que podemos manejar nuestros propios asuntos sin la ayuda de Dios ni de nadie más. Si esa es nuestra actitud, Dios nos deja seguir adelante. Él sabe que tarde o temprano descubriremos la verdad.

> **Confía en el Señor de todo corazón, y no en tu propia inteligencia. Reconócelo en todos tus caminos, y él allanará tus sendas. No seas sabio en tu propia opinión; más bien, teme al Señor y huye del mal. (Proverbios 3:5-7)**

Cuando eventualmente reconocemos la verdad de cómo son las cosas, nos damos cuenta de que no podemos lograr nada de valor por nuestra propia cuenta. Nos volvemos a Dios y dependemos completamente de él. Vivimos en humildad. Podemos pensar que la humildad significa ser un una alfombrilla —que permitimos que otros nos pisoteen—. Pero esa no es una buena definición. Pablo dijo, «no ponemos nuestra confianza en esfuerzos humanos.» (Filipenses 3:3) y esa definición es mucho mejor. No confiamos en nosotros mismos, sino que optamos por ser «fuertes en el Señor y en el poder de su fuerza» (Efesios 6:10). Ser humilde no significa ser una alfombrilla. Significa depositar nuestra confianza en Dios, que es donde debe estar.

El orgullo es el pecado original del diablo. Opone a las personas o a los grupos —uno en contra de otro. Por eso el prejuicio y la intolerancia son formas de orgullo. No nos gusta nada admitir que pueda haber prejuicio o intolerancia en nuestro corazón, pero es otra área en la que debemos ser claros y honestos con Dios para que Satanás no obtenga ninguna ventaja en nuestra vida.

Los ciclos de Pecar-Confesar

Todos nosotros, incluido el apóstol Pablo, sabemos lo que es estar atrapado en un ciclo de pecado-confesión. Pablo lo describe así:

> No entiendo lo que me pasa, pues no hago lo que quiero, sino lo que aborrezco. Ahora bien, si hago lo que no quiero, estoy de acuerdo en que la ley es buena. (Romanos 7: 15-16)

Es difícil encontrar una mejor descripción de lo que se siente estar esclavizado al pecado. Aquí hay alguien que sabe lo que es correcto y que quiere hacer lo que es correcto, pero por alguna razón simplemente no puede. Sin embargo, Pablo aprendió a resolverlo. Dice que lo que él llama «la ley del pecado y de la muerte» aún nos empuja hacia el pecado todos los días, pero tenemos acceso a una ley mayor, una ley más poderosa, «la ley del Espíritu de vida en Cristo Jesús». En general no podemos volar porque la ley de la gravedad nos lo impide. Sin embargo, cuando nos subimos a un avión, descubrimos que podemos volar. La ley de la gravedad no se ha anulado pero la superamos con una ley mayor, la ley de aerodinámica y propulsión. Aunque la ley del pecado y de la muerte todavía es vigente, tenemos acceso a una ley mayor y podemos volar por encima del pecado y de la muerte por el poder del Espíritu de vida.

Aunque parezca que no hay nada que podamos hacer para salir del apuro, la verdad es que no tenemos que dejar que la carne nos domine. Si hemos permitido que el pecado reine en nuestro cuerpo, podemos detenerlo. Las adicciones son ciclos de pecado-confesión particularmente arraigados. Al igual que otras fortalezas, suelen comenzar como mecanismos de supervivencia. Muy a menudo se utilizan para hacer frente al dolor emocional. Sin embargo, como cualquier otro pecado, se pueden resolver completamente en Cristo.

A veces a un adicto le basta comprender quién es en Cristo. Una vez que se da cuenta de que ahora es el producto de la obra de Cristo en la cruz y no el producto de su pasado, gran parte del dolor de las experiencias pasadas desaparece. Sin embargo, por lo general requiere un proceso más largo, aunque el enfoque es el mismo que para otros ciclos de pecar - confesar.

He visto a cristianos liberados de adicción a la comida, la anorexia, las drogas, el alcohol y otras cosas al comprender su identidad en Cristo, al someterse a Dios y resistir al diablo. Admiro mucho a Alcohólicos Anónimos y el gran trabajo que realizan. Sin embargo, creo que si es un cristiano el que tiene el problema del alcohol, aunque es muy necesario que reconozca el problema, no es útil que se identifique como «alcohólico» como si fuera parte de su identidad. La verdad es que no es alcohólico, su identidad fundamental es la de hijo de Dios. Una valoración más correcta sería decir que es un hijo de Dios con un problema de alcohol. Problema que puede resolverse completamente en Cristo. No tienen que beber, más bien puede ser lleno del Espíritu. El problema del alcohol no forma parte de quién es. De hecho, va directamente en contra de quién es: el beber en exceso no viene a cuento.

Esta es la historia de un cristiano que luchaba por dejar de fumar:

> «Había tenido numerosos intentos de dejar de fumar desde que volví a caer en el cigarro, pero no duraban ni 24 horas. Me sentía sumamente avergonzado por fumar, especialmente porque facilitaba muchas citas individuales de *Los Pasos* pero yo mismo no caminaba en libertad.
>
> Entonces el pasado mes de mayo me senté con Dios. Me había dado cuenta de que pensar en ciertas personas o eventos producía una sensación física en mi interior que era extremadamente desagradable. Sentía pavor, miedo y pérdida, y al fumar todo eso desaparecía.
>
> *Libertad en Cristo* me ha enseñado bien y sé que lo que estoy pensando tiene un impacto directo en mis sentimientos. Así que supe que tenía que ver con mis pensamientos y la batalla por mi mente. Entonces le pregunté a Dios sobre su consejo de llevar cautivo todo pensamiento en obediencia a Jesús. Por mi forma de ser, para poder hacer algo necesito entender lo que significa. Por eso le pregunté qué quería decir.

Dijo: «Si estuvieras en el ejército y atraparas a un enemigo, no lo llevarías a tu habitación para conversar con él. No, lo que harías, sin duda, es llevar a ese enemigo al lugar que tu oficial al mando ha designado para él. Pues tú estás en mi ejército y tu oficial al mando es Jesús, así que todo lo que se requiere de ti es que lleves todo pensamiento capturado a Jesús y él se encargará de ello». Y fue así de simple. Pronto me di cuenta de lo que estaba pasando en mi mente. Mientras que antes dejaba que los pensamientos vagaran por doquier, aprendí a poner una especie de red de mariposas mental, y casi podía ver cómo capturaba pensamientos. Decía algo como: «Jesús, he capturado estos pensamientos y te los entrego obedientemente», y en segundos los sentimientos que habían surgido eran reemplazados por paz. Fue así que el deseo de fumar un cigarrillo desapareció. A menudo, cuando la batalla era intensa, parecía que yo hacía poco más que capturar pensamientos. Pero después de hacer mi parte, Dios hacía el milagro. No tengo idea de cómo hizo el milagro, pero juntos lo hicimos y no he fumado durante más de 13 meses. ¡Alabado sea el Señor!»

El pecado sexual

Huyan de la inmoralidad sexual. Todos los demás pecados que una persona comete quedan fuera de su cuerpo; pero el que comete inmoralidades sexuales peca contra su propio cuerpo Acaso no sabéis que vuestro cuerpo es templo del Espíritu Santo, quien está en vosotros y que habéis recibido de parte de Dios? No sois vosotros vuestros propios dueños; Fuisteis comprados por un precio. Por tanto, honrad con vuestro cuerpo a Dios. (1 Corintios 6:18-20).

Tenemos más que una unión espiritual con Dios. Aunque es temporal, nuestro cuerpo físico tiene valor espiritual. De hecho, nuestros cuerpos son «miembros del cuerpo de Cristo» y «templo del Espíritu Santo». El pecado sexual contamina el templo de Dios.

¿Qué sucede cuando un hijo de Dios (unido con el Señor y un espíritu con él) también se une con una prostituta y se vuelve uno con ella en cuerpo? Se convierten en «una sola carne», están unidos. Este mecanismo de unión es un regalo de Dios creado específicamente para la relación matrimonial mediante la cual un hombre y una mujer se comprometen el uno con el otro ante él. Usarlo fuera de esa relación, ya sea con una prostituta, como en el ejemplo de Pablo, o con cualquier otra persona, tiene consecuencias: se produce un vínculo espiritual.

¿Qué significa eso en la práctica? Como cualquier otro pecado, el pecado sexual le da al enemigo un punto de apoyo que le permite tener influencia en nuestra mente. Pero también hace más que eso. Hace que volvamos a la misma persona o al mismo pecado una y otra vez.

¿Cuántas veces has conocido a alguien que es claramente infeliz en una relación sexual fuera del matrimonio y que quiere terminarla, pero por alguna razón nunca es capaz? Incluso si lo hace, termina con otra pareja con quien repite las mismas dinámicas. Están unidos, son una sola carne. Hay una atadura que les impide avanzar incluso si lograran romper la relación.

Pero podemos recuperar el terreno que le hemos cedido al enemigo. Incluso cuando hemos profanado el templo de Dios, en su gracia él puede limpiarnos completamente y purificarnos. Necesitamos cerrar las puertas que hemos abierto al enemigo y romper todo vínculo pecaminoso que hayamos formado. Entonces podremos presentar nuestro cuerpo nuevamente a Dios como sacrificio vivo, comprometiéndonos, en lo que respecta a la actividad sexual, a reservarlo exclusivamente para el matrimonio.

Si no estás casado, conserva tu cuerpo como regalo para tu futuro cónyuge, en caso de que Dios te permita tener uno. Eres demasiado especial para permitir que tu cuerpo, tu templo se contamine.

Lo maravilloso es que no importa cuántas experiencias sexuales pasadas hayas tenido o cómo fueron, Cristo las resuelve por completo. Ya no estás sucio ni eres despreciable.

Las consecuencias heredadas del pecado

La Biblia dice claramente que las consecuencias del pecado (no la culpa por ellos) pasan de generación en generación. En otras palabras, podemos heredar la vulnerabilidad a un pecado en particular de nuestros padres y antepasados más lejanos de la misma manera que todos hemos heredado las consecuencias del pecado de Adán.

Esta es otra área que la cosmovisión occidental nos predispone a pasar por alto porque no forma parte de nuestra experiencia. Como resultado, es muy fácil dejar pasar estas vulnerabilidades espirituales cuando podrían tratarse directamente.

No nos cuesta reconocer que tenemos una herencia genética de nuestros antepasados. Nuestros genes determinan nuestras características físicas y, según los científicos, pueden determinar nuestra vulnerabilidad a ciertos rasgos de temperamento. Se ha confirmado, por ejemplo, que ciertas combinaciones de genes aumentan la probabilidad de que alguien se convierta en alcohólico. Sin embargo, no quiere decir que sea inevitable. En última instancia la elección personal es más importante que los genes.

También reconocemos que el entorno en el que nos criamos tiene un efecto significativo en nuestro carácter y valores. Como dijo Jesús, «El discípulo no está por encima de su maestro, pero todo el que haya completado su aprendizaje, a lo sumo llega al nivel de su maestro.» (Lucas 6:40). Eso también es algo que heredamos de generaciones pasadas y algo que podemos decidir si perpetuar o no.

Como en muchas áreas de la vida, los mismos principios que se aplican en el ámbito físico se aplican también en el ámbito espiritual. Hay muchos lugares en el Antiguo Testamento que describen explícitamente el principio de las consecuencias del pecado que se transmiten de generación en generación. El más importante lo encontramos en los diez mandamientos:

> No te hagas ningún ídolo, ni nada que guarde semejanza con lo que hay arriba en el cielo, ni con lo que hay abajo en la tierra, ni con lo que hay en las aguas debajo de la tierra. No te inclines delante de ellos ni los adores. Yo, el Señor tu Dios, soy un Dios celoso. Cuando los padres son malvados y me odian, yo castigo a sus hijos hasta la tercera y cuarta generación. Por el contrario, cuando me aman y cumplen mis mandamientos, les muestro mi amor por mil generaciones. (Éxodo 20: 4-6)

Dios bendice la obediencia hasta mil generaciones pero, en su gracia, permite que los efectos del pecado se transmitan solo a tres o cuatro generaciones. Sin embargo, está claro que se transmiten. Pablo explica que las bendiciones espirituales positivas se transmiten de padres cristianos a sus hijos (1 Corintios 7: 14-15). Este es un ejemplo del mismo principio pero con una buena herencia espiritual en lugar de una mala.

Pero, algunos pueden decir, ¿Jesús ya no se ocupó de nuestro pecado en la cruz? Sí. Se ocupó de nuestra culpa. Pero nunca fuimos culpables de los pecados de nuestros antepasados; cada persona es responsable de su propio pecado. Pero ese pecado puede traer consecuencias para los demás de la misma manera que alguien que fue lastimado físicamente por un asaltante puede caminar cojeando; no fue culpable de ese pecado, pero sufre las consecuencias.

Cada uno de nosotros, entonces, nace con disposiciones genéticas, ambientales y espirituales. Estas pueden ser buenas o malas. Necesitamos tomar una posición activa contra los elementos negativos de nuestra herencia, de lo contrario, los dejamos en su lugar y seguirán siendo efectivos en nuestra contra. En particular, debemos tomar medidas para lidiar con los puntos de apoyo del enemigo que heredamos como resultado de pecados pasados para asegurarnos de que el enemigo no pueda detenernos.

Dado que en Cristo tenemos mucho más poder y autoridad espiritual que el enemigo, este no es un tema difícil. Simplemente le pedimos al Espíritu Santo que nos haga conscientes de cuáles son los problemas y luego renunciamos activamente a ellos.

Es sencillo y directo, pero marca una enorme diferencia para muchas personas. Un buen amigo mío comenzó a experimentar dolor de cabeza y una interferencia espiritual severa durante el proceso de los Pasos. Sintió que el Espíritu Santo le revelaba que había masonería (que son prácticas ocultistas) en su trasfondo familiar. Tan pronto como renunció a eso, cesaron las interferencias y los dolores de cabeza.

También puedo pensar en una pareja cristiana que tuvo algunos problemas en su matrimonio. Él se había casado dos veces antes y al mirar hacia atrás en su línea familiar, se dio cuenta de que en ambos lados de su familia había divorcio. Cuando quiso renunciar al divorcio, experimentó oposición espiritual e incluso le costó decir la palabra. Sin embargo, tan pronto como lo hizo, la oposición desapareció. Se dio cuenta de que había entrado en su matrimonio actual con una especie de predisposición: «bueno, si no funciona, siempre podemos divorciarnos». Posteriormente, él y su esposa renovaron sus votos matrimoniales y continúan manteniendo un matrimonio fuerte, con un firme énfasis en «hasta que la muerte nos separe».

Esta es un área en la que la mayoría nunca recibimos enseñanza alguna. El resultado es que le dejamos al enemigo cierta capacidad para retenernos cuando no era necesario. Por lo tanto, tienes una oportunidad emocionante de lidiar con toda área de tu vida en la que el enemigo pueda estar impidiendo que avances. Recuerda, los efectos de ello aparecerán en nuestra mente y, debido a que él es el maestro del engaño, probablemente ni siquiera los reconozcas. Solo cuando nos acercamos humildemente a Dios y le pedimos que nos revele cuáles son los problemas, es que muchos de ellos salen a la luz por primera vez.

La buena noticia es que el proceso de *los Pasos hacia la Libertad en Cristo* es un proceso tranquilo, respetuoso y práctico que nos ayuda a ejercer la asombrosa autoridad espiritual que tenemos ahora para lidiar con eso.

¡No hay nada demasiado grande que tú no puedas enfrentar de la mano de Dios!

La renovación de la mente

 ¿DE QUÉ SE TRATA?

OBJETIVO: Comprender que apropiarte de tu libertad en Cristo y vivir en ella no es una experiencia única, sino que debe convertirse en un estilo de vida permanente, al implementar una estrategia práctica para renovar tu manera de pensar.

BASE BÍBLICA: Romanos 12:2: «No os amoldéis al mundo actual, sino sed transformados mediante la renovación de vuestra mente. Así podréis comprobar cuál es la voluntad de Dios, buena, agradable y perfecta».

VERDAD BÍBLICA: Todos tenemos bastiones mentales, formas de pensar que no están de acuerdo con la verdad de Dios. Nuestro éxito en seguir caminando en libertad y crecer en madurez depende de la medida en que continuemos renovando nuestra mente y entrenarnos para distinguir el bien del mal, la verdad de la mentira.

 BIENVENIDA

¿Cómo ha sido tu experiencia al hacer *Los Pasos hacia la Libertad en Cristo*?

 ADORACIÓN

Tema: ¡Dios me ha hecho libre!

Gálatas 5:1; Salmo 119:45

LA PALABRA:

La transformación continua

Cuando te entregaste a Jesús por primera vez, te convertiste en una nueva creación. Ahora estás listo para ser transformado. Cuando en la Biblia se usa esa palabra, se refiere al proceso mediante el cual una oruga se convierte en una hermosa mariposa. No significa cambiar un poco, sino un cambio dramático. ¿Cómo crees que ocurre esa transformación? ¿Qué crees que necesitas hacer para experimentarla?

> «No se amolden al mundo actual, sino sean transformados mediante
> la renovación de su mente» (Romanos 12:2a)

Recuerda, hay una batalla por nuestra mente. Nuestra mente ha sido condicionada por el mundo, e influenciada por Satanás que manipula al mundo. Por tanto, hemos desarrollado un montón de creencias y patrones de pensamiento que no coinciden con lo que Dios dice, es decir, que no son verdad.

En gran parte, nuestras creencias han sido moldeadas por nuestros enemigos. ¿No es triste? En otras palabras, hemos absorbido un montón de mentiras y verdades a medias que nos han afectado mucho. Y cuando nos hicimos cristianos, nadie pulsó un botón para borrarlo todo. Aún tenemos esa programación antigua, esos mismos patrones de pensamiento, o lo que la Biblia llama «la carne».

Retomar nuestra libertad es esencial, pero no es suficiente. Ahora tenemos que cambiar esa manera de pensar si queremos crecer como discípulos. Necesitamos remplazarla por la verdad. Y la clave para lograrlo es renovar nuestra mente.

Bastiones

> «Pues aunque vivimos en el mundo, no libramos batallas como lo hace el mundo. Las armas con que luchamos no son del mundo, sino que tienen el poder divino para derribar fortalezas. Destruimos argumentos y toda altivez que se levanta contra el conocimiento de Dios, y llevamos cautivo todo pensamiento para que se someta a Cristo» (2 Corintios 10:3-5).

En el pasaje, queda claro que Pablo habla de algo en el área de nuestro pensamiento. Menciona **argumentos** y **altivez** que se levantan contra el **conocimiento** de Dios. Habla de llevar cautivo todo **pensamiento** para someterlo a Cristo. La palabra «fortaleza» significa bastión, un edificio sólido de defensa. En este contexto un bastión es una creencia errada que se ha reforzado muchas veces durante mucho tiempo. Evita que conozcas a Dios y sus caminos. Está asentada en tu mente, fuerte e impenetrable, como la muralla de un castillo.

Quizá comenzó en tu niñez cuando algo sucedió que sembró una idea en tu mente. Quizá te acosaron en el colegio, o algo peor. O quizá te dijeron algo negativo, «Eres un inútil», «No sirves para nada», «¡Qué feo eres!», «Es tu culpa».

Quizá el enemigo lo aprovechó y más tarde trajo a alguien que dijo o hizo la misma cosa. Ya que él conoce tu punto débil, lo usa sin piedad para darte el mismo mensaje errado usando persona tras persona o circunstancia tras circunstancia.

Luego el mundo añade sal a la herida con su bombardeo constante de mentiras sobre lo que necesitas para tener éxito, ser feliz o ser amado.

A medida que toma fuerza, se convierte en nuestra forma de pensar automática y se manifiesta en nuestro comportamiento. Entonces, si alguien sugiere que dirijamos un grupo pequeño en la iglesia, o que solicitemos un trabajo, la grabación de nuestra cabeza dice «No puedo. Yo no sirvo para eso». Lo hemos creído por tanto tiempo que es parte de nuestra vida. No nos imaginamos cómo podría ser de otro modo.

Una definición de bastión es, **una creencia o un patrón de pensamiento que no concuerda con lo que Dios dice que es verdad.**

Los sentimientos de inferioridad, inseguridad, incompetencia son fortalezas. Porque ningún hijo de Dios es inferior, inseguro o incompetente.

¿Algún hijo de Dios es sucio o feo? Para nada. No es verdad. Solo **parece** que lo es. Es una mentira reforzada

tantas veces que te tiene atado y hace que pienses y actúes de manera que contradice la palabra de Dios.

Los bastiones tienen dos caras: cuando sabemos lo que deberíamos hacer y no logramos hacerlo; y cuando sabemos que no deberíamos hacer algo pero no logramos parar.

Cómo se establecen los bastiones

1. Los bastiones se forman por medio de nuestro entorno

Hemos visto ya cómo aprendemos valores y creencias del mundo en que vivimos. Pero puede funcionar a un nivel micro en nuestro hogar, la escuela, y nuestro entorno de trabajo.

A esto le llamamos «bastiones» pero los psicólogos puede que lo llamen «mecanismos de defensa». Son las maneras de pensar y actuar muy arraigadas en nuestra vida.

2. Los bastiones se forman por las experiencias traumáticas

No es necesariamente algo que se ha repetido durante mucho tiempo. Una sola experiencia traumática pero poderosa puede hacerlo, tal como un divorcio, una violación, la muerte de un ser querido en la familia. Por ejemplo, si fuiste abusado, pude que hayas aprendido a verte como víctima, incapaz de defenderte. Y puede que en su momento eso fuera cierto, pero ya no lo es, como hijo de Dios que eres.

No es la experiencia traumática la que produce el bastión sino las mentiras que creímos como resultado de la experiencia traumática.

Sin importar lo que haya sucedido en el pasado, puedes procesar ese evento traumático desde la posición que tienes ahora como un hijo santo de Dios. Ningún cristiano debe permanecer como víctima, sin importar lo que le haya sucedido. Dios no cambia nuestro pasado, ¡pero nos libera de él!

3. Los bastiones se forman al ceder a la tentación

Si no tratas con la tentación inmediatamente, te llevará a la acción. El repetir la acción te llevará a formar hábitos. Con tiempo, el ejercitar ese hábito producirá un bastión.

Satanás constantemente busca tentarte a caer en el mismo pecado una y otra vez, porque quiere establecer bastiones en tu vida para mantenerte dando vueltas y que pierdas la esperanza.

La Biblia deja claro que hay una salida frente a cada tentación.

Si conduces tu Jeep por un campo de lodo, va a dejar surcos en el camino. Y si pasas por el mismo camino día tras día por un tiempo, los surcos se harán más profundos y marcados. Y llegará un momento en que los surcos serán tan profundos que podrías soltar el volante y el Jeep iría solo. Y eso está bien siempre y cuando los surcos vayan en la dirección correcta. Sin embargo, los bastiones son como surcos que se dirigen en la dirección equivocada. Si no cambias de dirección intencionalmente, es como si soltaras el volante de tu vida. Seguramente tomarás malas decisiones y terminarás yendo a donde no querías ir.

El problema con los bastiones es este, harán que actúes en base a un montón de información falsa y harán que tus sentimientos no coincidan con la realidad. Puede que experimentes rechazo cuando no te estén rechazando. Puede que te sientas impotente cuando en realidad no lo eres. Sentirás que no puedes dejar algún pecado, cuando de hecho tienes todo lo que necesitas para dejarlo.

La libertad y la madurez no son lo mismo

En el momento en que conoces a Jesús no se espera que logres la madurez instantánea. Los bebés toman leche durante un buen tiempo antes de comer alimento sólido. Pero, si los niños siguen actuando como bebés cuando son mayores, ¡pierden su encanto!

Cualquier cristiano puede convertirse en un cristiano de años —solo hace falta que pase el tiempo—. Cualquier cristiano puede convertirse en un cristiano maduro, pero muchos no lo logran.

PAUSA PARA LA REFLEXIÓN 2:

1. Pasa un tiempo comentando las maneras en que se establecen los bastiones (fortalezas negativas). ¿De qué forma te identificas con la historia del padre alcohólico y sus tres hijos? ¿Puedes ver algunos bastiones que se han establecido en tu propia vida?

2. Mira esta lista de mentiras que la gente llega a creer de sí mismos: rechazado, inadecuado, sin esperanza, tonto. Para cada una de ellas, encuentra un versículo bíblico que muestre que no es verdad para un cristiano.

3. «Ningún cristiano tiene que permanecer siendo víctima, independientemente de sus experiencias pasadas. Dios no cambia nuestro pasado, ¡nos libera de él!». Comenta esto.

Cómo demoler bastiones

1. Cerrar puertas abiertas al enemigo

En *Los Pasos hacia la Libertad en Cristo* has quitado el lugar que habías cedido al enemigo en tu vida y esa es la razón clave por la que ahora podrás ser capaz de demoler esos bastiones – incluso aquellos que has intentado eliminar repetidas veces en el pasado y no has podido.

2. Toma responsabilidad personal por el resto de tu vida

No se trata de pedir a Dios o a otra persona, haga algo para que seamos libres o para que podamos crecer. Recuerda, 2 Pedro 1:3: «ya tienes todo lo que necesitas para vivir como Dios manda».

Dios ha dispuesto el mundo de modo que algunas cosas son su responsabilidad y otras son nuestra responsabilidad. Y si nosotros no hacemos aquello que nos corresponde, no se hará.

Nadie puede perdonar por ti. Nadie puede decidir creer la verdad por ti.

3. Lleva cautivo todo pensamiento (2 Corintios 10:5)

Una manera de verlo es imaginar que tu mente es un aeropuerto y tú eres el controlador aéreo. Muchos pensamientos vuelan alrededor de tu cabeza y piden permiso para aterrizar. Pero tú tienes el control absoluto sobre cuáles dejas aterrizar y cuáles no.

Libramos una batalla entre la verdad y la mentira. Cada bastión es una mentira muy arraigada. Y la clave para demolerla es primero descubrir la mentira, y entonces renovar tu mente remplazándola por la verdad.

4. Sé transformado por la renovación de tu mente

Puede utilizar una herramienta que llamamos *Demoledor de Bastiones* para renovar tu mente. Se describe en la página opuesta.

No veas a este demoledor de bastiones como magia. No es lo que dices lo que te cambia, y no hay una fórmula especial, como una varita mágica que lo cambia todo. No tienes que ponerte religioso, si fallas un día o dos, Dios no se enfada, seguirá amándote. Lo retomas al día siguiente y ya está.

Persevera hasta que hayas completado 40 días. De hecho, puede que quieras continuar más tiempo, porque lo que sucede es que llega un momento en que lo sientes–¡ya está, ha caído!

No sé si esto suena fácil –es un proceso bastante sencillo– pero no es fácil porque la mentira tú la sientes real. Es como observar cuando demuelen una pared de cemento armado. La pared aguanta 10 golpes de una pesada bola de demolición, luego 15, luego 30, incluso 35 golpes y parece que no le pasa nada. Se ve igual. Y así te sientes cuando haces un Demoledor de Bastiones día tras día. Pero cada día que decides comprometerte con la verdad de Dios a pesar de tus sentimientos y que renuncies a la mentira, marca la diferencia. Hasta que, finalmente, el muro se derrumba.

Demoledor de bastiones

1. Identifica la mentira que has estado creyendo

Esta es cualquier forma en que hayas aprendido a pensar que no está en consonancia con lo que Dios dice en la Biblia. Ignora lo que sientes porque, por definición, la mentira se sentirá como si fuera la verdad.

2. ¿Cómo te ha afectado el creer esa mentira?

Imagínate lo diferente que sería tu vida si no creyeras esto. ¿Qué podrías hacer que no haces actualmente?

3. Encuentra versículos bíblicos que afirman lo que es verdad

Si hay muchos, elige seis a ocho que más te impactan.

4. Escribe una declaración

Básalo en esta fórmula: «Renuncio a la mentira que dice que.....Soy....... proclamo la verdad de que...................», utilizando los versículos bíblicos y adaptándolos a tu situación.

Si prefieres, utiliza un lenguaje alternativo tal como «Rechazo la mentira que dice que...................., acepto la verdad de que...................». O «Digo no a la mentira que dice que..............................., digo sí a la verdad de que....... ....».

5. Haz la declaración en voz alta durante 40 días

Recuerda que durante algún tiempo los versículos y la declaración se **sentirán** como que no son la verdad.

Recuerda que Dios es la Verdad y que si él lo ha dicho, es verdad. Y no solo es cierto para otros, ¡es cierto para ti!

Comprométete a largo plazo

«Olvidando lo que queda atrás y esforzándome por alcanzar lo que está delante, sigo avanzando hacia la meta para ganar el premio que Dios ofrece mediante su llamamiento celestial en Cristo Jesús. Así que, ¡escuchad los perfectos! Todos debemos tener este modo de pensar» (Filipenses 3:13b-15a).

Este curso puede haberte animado a hacer siete Demoledores de Bastiones. No lo hagas. Seguramente comenzarás pero no terminarás. Te quemarás y llegarás a la conclusión de que has fracasado. Sin embargo, si lo ves a largo plazo puedes lidiar con un área a la vez y asegurarte de que realmente cambiaste tu manera de pensar antes de pasar a la siguiente área. En un año podrías trabajar en ocho o hasta nueve áreas, y eso marcaría una diferencia enorme.

Cada uno de nosotros puede marcharse de esta sesión hoy sabiendo que nada ni nadie nos puede impedir convertirnos en la persona que Dios diseñó. Siempre y cuando seamos responsables con lo que nos pide hacer y usemos las armas que él nos ha provisto.

PAUSA PARA LA REFLEXIÓN 3

¿Te has dado cuenta de algunas mentiras que sueles creer? ¿Cuál es la más significativa?

Usa este tiempo para crear – o empezar a crear – tu Demoledor de Bastiones personal de manera que puedas demolerlo. Usa las indicaciones de la página 155 de tu Guía del Participante tomando en cuenta los ejemplos dados en las páginas 159-161. Hay un espacio para que crees tu propio Demoledor de Bastiones en las páginas 162-167.

 TESTIFICAR

Escribe las dos cosas principales que has aprendido en este curso hasta ahora. ¿Cómo las podrías explicar a una persona que aún no es creyente?

 ESTA SEMANA

Termina de elaborar tu Demoledor de Bastiones para la mentira más importante que identificaste y comienza a ponerlo en práctica.

Demoledor de Bastiones, Ejemplo 1

Busco consuelo en la comida en lugar de en Dios

Posibles mentiras: Comer en abundancia me trae consuelo duradero. Solamente la comida puede calmar mi ansiedad.

Los efectos en mi vida: me perjudica la salud; me produce obesidad; ofrece un punto de entrada al enemigo; impide mi desarrollo hacia la madurez.

Proverbios 25:28: «Como ciudad sin defensa y sin murallas es quien no sabe dominarse».

Gálatas 5:16: «Así que os digo: Vivid por el Espíritu, y no seguiréis los deseos de la naturaleza pecaminosa».

Gálatas 5:22-23: «En cambio, el fruto del Espíritu es amor, alegría, paz, paciencia, amabilidad, bondad, fidelidad, humildad y dominio propio. No hay ley que condene estas cosas».

2 Corintios 1:3-4: «Alabado sea el Dios y Padre de nuestro Señor Jesucristo, Padre misericordioso y Dios de toda consolación, quien nos consuela en todas nuestras tribulaciones para que con el mismo consuelo que de Dios hemos recibido, también nosotros podamos consolar a todos los que sufren».

Salmo 63:4-5: «Te bendeciré mientras viva, y alzando mis manos te invocaré. Mi alma quedará satisfecha como de un suculento banquete, y con labios jubilosos te alabará mi boca».

Salmo 119:76: «Que sea tu gran amor mi consuelo, conforme a la promesa que hiciste a tu siervo».

Señor, renuncio a la mentira que dice que el placer de comer en abundancia produce consuelo duradero. Y proclamo la verdad de que tú eres el Dios de toda consolación y que tu amor que nunca falla es mi único consuelo real y legítimo. Declaro que ahora vivo por el Espíritu Santo y que no tengo obligación alguna de satisfacer los deseos de la carne. Cuando sienta la necesidad de consolación, en vez de buscarla en la comida, escogeré alabarte y quedar satisfecho con el más rico de los manjares. Lléname de nuevo con tu Espíritu Santo y vive en mí mientras crezco en dominio propio. Amén.

Marcar cada día que pongas en práctica este ejercicio:

Demoledor de Bastiones, Ejemplo 2

Siempre me siento solo

Posibles mentiras: He sido abandonado y olvidado. Estoy solo en este mundo, nadie me ama. Soy demasiado malo para ser amado.

Los efectos en mi vida: me aparto de otras personas; pienso que no les gusto a los demás; proyecto cierta indiferencia hacia la gente; me siento atemorizado.

Deuteronomio 31:6: «Sed fuertes y valientes. No temáis ni os asustéis ante esas naciones, pues el Señor vuestro Dios siempre os acompañará; nunca os dejará ni os abandonará».

Isaías 46:4: «Aún en la vejez, cuando ya peinéis canas, yo seré el mismo, yo os sostendré. Yo os hice, y cuidaré de vosotros; os sostendré y os libraré».

Jeremías 29:11: «Porque yo sé muy bien los planes que tengo para vosotros —afirma el SEÑOR— planes de bienestar y no de calamidad, a fin de daros un futuro y una esperanza».

Romanos 8:38-39: «Pues estoy convencido de que ni la muerte ni la vida, ni los ángeles ni los demonios, ni lo presente ni lo por venir, ni los poderes, ni lo alto ni lo profundo, ni cosa alguna en toda la creación, podrá apartarnos del amor que Dios nos ha manifestado en Cristo Jesús nuestro Señor».

Querido Padre celestial, renuncio a la mentira que dice que he sido abandonado, olvidado y dejado a mi propia suerte. Y proclamo la verdad de que tú me amas, que tienes planes para darme un futuro y una esperanza, y que nada en absoluto podrá separarme de tu amor. En el nombre de Jesús. Amén.

Marca cada día que pongas en práctica este ejercicio.

Demoledor de Bastiones, Ejemplo 3

La pornografía me atrae irresistiblemente

Posibles mentiras: no puedo resistir la tentación de ver pornografía. Necesito la pornografía para saciar mis ansias de intimidad.

Los efectos en mi vida: profundo sentido de vergüenza; emociones sexuales distorsionadas; no puedo relacionarme con otras personas como Dios quiere; hace daño a mi matrimonio.

Romanos 6:11-14: «De la misma manera, también vosotros consideraos muertos al pecado, pero vivos para Dios en Cristo Jesús. Por lo tanto, no permitáis que el pecado reine en vuestro cuerpo mortal, ni obedezcáis a vuestros malos deseos. No ofrezcáis los miembros de vuestro cuerpo como instrumentos de injusticia; al contrario, ofreceos más bien a Dios como quienes han vuelto de la muerte a la vida, presentando los miembros de vuestro cuerpo como instrumentos de justicia. Así el pecado no tendrá dominio sobre vosotros, porque ya no estáis bajo la ley sino bajo la gracia».

1 Corintios 6:19: «¿Acaso no sabéis que vuestro cuerpo es templo del Espíritu Santo?»

1 Corintios 10:13: «Vosotros no habéis sufrido ninguna tentación que no sea común al género humano. Pero Dios es fiel, y no permitirá que vosotros seáis tentados más allá de lo que podáis aguantar. Más bien, cuando llegue la tentación, él os dará también una salida a fin de que podáis resistir».

Gálatas 5.16: «Así que os digo: Vivid por el Espíritu, y no seguiréis los deseos de la naturaleza pecaminosa».

Gálatas 5:22-23: «En cambio, el fruto del Espíritu es amor, alegría, paz, paciencia, amabilidad, bondad, fidelidad, humildad y dominio propio...».

Renuncio a la mentira que dice que no puedo resistir la tentación de ver pornografía. Y proclamo la verdad de que Dios siempre da una salida cuando soy tentado, y escogeré tomar esa salida. Proclamo la verdad de que si vivo por el Espíritu —y esto mismo elijo— no seguiré los deseos de la carne, sino que el fruto del Espíritu, que incluye el dominio propio, crecerá en mí. Me considero muerto al pecado y no permitiré que el pecado reine en mi cuerpo ni que se enseñoree de mí. Hoy y cada día entrego mi cuerpo a Dios como templo del Espíritu Santo, para hacer únicamente lo que es bueno. Proclamo que el pecado ya no tiene poder sobre mí. Me someto completamente a Dios y resisto al diablo, que tiene que huir de mí en este momento.

Marca cada día que pongas en práctica este ejercicio.

Mi Demoledor de Bastiones

 Fortaleza.

1. ¿Qué mentira quieres atacar?

2. ¿Qué efectos ha tenido esta mentira en tu vida? ¿Qué tan diferente sería tu vida si la remplazaras con lo que es realmente cierto?

3. Has una lista de todos los versículos que puedas que declaren lo que Dios dice que es realmente cierto, y elige los mejores siete u ocho que más te impacten.

4. Escribe una oración/declaración:

Renuncio a la mentira que dice que...

Proclamo la verdad que dice que... •

5. Lee los versículos y di tu oración/declaración en voz alta a diario por 40 días.

Marca cada día que pongas en práctica este ejercicio.

1	2	3	4	5	6	7	8	9	10
11	12	13	14	15	16	17	18	19	20
21	22	23	24	25	26	27	28	29	30
31	32	33	34	35	36	37	38	39	40

CRECER COMO DISCÍPULOS

Habiéndonos apropiado de nuestra libertad en Cristo, queremos alcanzar la madurez. En esta sección aprenderemos a mantenernos firmes, a relacionarnos con otras personas y a seguir en el camino de parecernos más a Jesús.

Relacionarnos con los demás

¿DE QUÉ SE TRATA?

OBJETIVO: Entender nuestro papel y nuestras responsabilidades en las relaciones interpersonales, para crecer juntos en Cristo.

BASE BÍBLICA: Mateo 22:37-40: «Ama al Señor tu Dios con todo tu corazón, con todo tu ser y con toda tu mente» —le respondió Jesús—. Este es el primero y el más importante de los mandamientos. El segundo se parece a éste: «Ama a tu prójimo como a ti mismo». De estos dos mandamientos dependen toda la ley y los profetas».

VERDAD BÍBLICA: Como discípulos de Cristo, debemos asumir la responsabilidad por nuestro propio carácter y atender las necesidades de otras personas, no al revés.

BIENVENIDA

¿Alguna vez has ofendido a alguien sin haberte dado cuenta en el momento? Comparte la historia.

ADORACIÓN

Tema: Alaba a Dios por la gente que él ha traído a nuestra vida. 1 Juan 3:16

LA PALABRA:

La importancia de la unidad

La oración de Jesús por ti

En los evangelios hay una ocasión en la que Jesús oró específicamente por ti y por mí. Fue poco antes de que muriese en la cruz y justo después de haber orado por sus discípulos. Esto es lo que dice:

> «No ruego solo por estos. Ruego también por los que han de creer en mí por el mensaje de ellos». ¿Quiénes son estos? Nosotros, claro

¿Qué es lo que ora? «Para que todos sean uno. Padre, así como tú estás en mí y yo en ti, permite que ellos también estén en nosotros, para que el mundo crea que tú me has enviado» (Juan 17:20-21).

El libre albedrío nos da responsabilidad

Esta es una petición que Dios no puede responder. Pues en su sabiduría y humildad Dios le ha dado a cada ser humano la responsabilidad personal de las decisiones que toma.

Por supuesto que podía habernos hecho como robots, de modo que cuando quisiésemos criticar lo que alguien cree o quisiésemos mandarlos a la porra, no pudiésemos —Dios nos lo impediría—. Pero él no lo hizo así. Al contrario, ha decidido darnos libre albedrío. Somos completamente libres de escoger no ser uno, y Dios no nos obliga, a pesar de que Jesús se lo haya pedido.

Entonces, ¿para qué oró Jesús de esa manera? Seguramente es para transmitirnos un mensaje. Creo que nos quiere decir claramente, «Miren, chicos, esto que pido por ustedes. Esta es la cosa más importante en la que deben enfocarse».

Y nosotros podemos pensar, «A ver, Jesús, ¿no es más importante que prediquemos el evangelio?» Pero observa su explicación de por qué quiere que seamos uno: «para que el mundo crea que tú me has enviado». Y parece que nuestra unidad influye directamente en la evangelización.

Cambiar el «clima espiritual»

¿Por qué crees que donde vives no hay más gente abierta al evangelio? Sospecho que me dirías que las técnicas usadas para evangelismo dejan mucho que desear, o podrías responder que no hay suficientes obreros para salir a la cosecha, o cualquier número de otras razones válidas. Pero la mayoría de nosotros, criados en la cosmovisión occidental, solemos ignorar versículos claves como 2 Corintios 4:4 que dice que:

> «El dios de este mundo ha cegado la mente de estos incrédulos para que no vean la luz del glorioso evangelio de Cristo, el cual es la imagen de Dios».

Podemos comparar eso con el Salmo 133 que dice «¡Cuán bueno y cuán agradable es que los hermanos convivan en armonía!» y concluye más abajo, «Donde se da esta armonía, el Señor concede bendición», que es algo espiritual, «y vida eterna».

Hay más que solo predicar el evangelio a alguien. En cada lugar hay un campo de cosecha potencial, pero necesitamos que brille la luz de Cristo para que la semilla crezca. Satanás quiere mantenerles en oscuridad, pero a medida que la iglesia se arrepiente de su pecado y trabaja en unidad como el cuerpo que es, Satanás no puede hacerlo y la luz entrará. Y el resultado de eso será que más y más gente responda al evangelio cuando los obreros salgan al campo de cosecha. En otras palabras, **el arrepentimiento y la unidad cambian la atmósfera espiritual de algún modo.**

Ilustración 1

Imagina un campo enorme de trigo, listo para la cosecha, y en una esquina hay un hombre con una hoz, cosechando. Y aunque corte y corte, casi no avanza porque el campo es inmenso. Obviamente su potencial es mínimo. Pero atrás en la granja hay una segadora-trilladora, una de esas máquinas grandes que puede terminar el trabajo en un par de horas. Pero no se puede usar porque está desmontada y las piezas dispersadas por la granja.

Si el pueblo de Dios no trabaja unido solamente alcanzaríamos una porción mínima de la cosecha potencial.

Ilustración 2

Imagina una cascada enorme que cae por un precipicio. Pero el lecho del río al fondo está seco. Y como el agua no fluye hacia el desierto que lo rodeaba, permanece desértico, nada crece. La razón por la que el agua no fluye es que hay unas grietas enormes por donde desaparece el agua. Si las grietas se rellenaran, el agua empezaría a fluir por el lecho del río y las plantas empezarían a crecer.

Aunque Dios ya está derramando su Espíritu en nosotros, no tendremos gran impacto a menos que nos unamos sinceramente. De otro modo desaparece entre las grietas.

«Esfuércense por mantener la unidad del Espíritu mediante el vínculo de la paz. Hay un solo cuerpo y un solo Espíritu, así como también fueron llamados a una sola esperanza; un solo Señor, una sola fe, un solo bautismo; un solo Dios y Padre de todos, que está sobre todos y por medio de todos y en todos» (Efesios 4:3-6).

Necesitamos comprender cómo Dios se acerca a nosotros

1 Juan 4:19 dice esto, «Nosotros amamos porque él nos amó primero». Mateo 10:8, «Lo que recibieron gratis, denlo gratuitamente». Lucas 6:36: «Sean compasivos, así como su Padre es compasivo». Efesios 4:32 dice «perdónense mutuamente, así como Dios les perdonó a ustedes».

Si comprendemos cómo Dios se acerca a nosotros y luego decidimos acercarnos a nuestros hermanos y hermanas del mismo modo, no nos puede ir mal.

Necesitamos ser consciente de nuestras debilidades

Cuando Isaías oraba en el templo tuvo una visión de Dios «excelso y sublime, sentado en un trono» (Isaías 6:1). Si eso te pasa a ti ¿Pensarías de inmediato en cómo otros te han decepcionado y en sus fallos? No, más bien harías lo que hizo Isaías. Clamó «¡Ay de mí, que estoy perdido! Soy un hombre de labios impuros» (Isaías 6:5).

En Lucas 5:4 Pedro ha estado pescando toda la noche, sin pescar cosa alguna, y Jesús aparece y le dice «Lleva la barca hacia aguas más profundas, y echen allí las redes para pescar». Pedro le obedece y de repente está tirando de una red repleta, y de repente se da cuenta de que alguien muy especial está en la barca junto a él. ¿Cómo respondió? «¡Soy un pecador!» (Versículo 8).

Cuando vemos a Dios como es en realidad, no nos damos cuenta del pecado de otros. Nos damos cuenta de nuestro propio pecado. Pero cuando nuestra relación con Dios es tibia, solemos ignorar nuestro propio pecado y fijarnos en el pecado de los demás, queriendo corregirles.

Somos responsables de nuestro propio carácter y de atender las necesidades de los demás

«¿Quién eres tú para juzgar al siervo de otro? Que se mantenga en pie, o que caiga, es asunto de su propio señor. Y se mantendrá en pie, porque el Señor tiene poder para sostenerlo» (Romanos 14:4).

No nos corresponde juzgar el **carácter** de otro porque no nos concierne. Un discípulo en crecimiento es alguien que se va pareciendo más y más a Jesús en su carácter. Nadie lo puede hacer por nosotros y no lo podemos hacer por otro.

«No hagan nada por egoísmo o vanidad; más bien, con humildad consideren a los demás como superiores a ustedes mismos. Cada uno debe velar no solo por sus propios intereses, sino también por los intereses de los demás. Su actitud debe ser como la de Cristo Jesús» (Filipenses 2:3-5).

Además de que no tengo derecho a esperar que otros suplan mis necesidades, tengo la responsabilidad de suplir las suyas.
Entonces, nuestras responsabilidades se resumen en: desarrollar nuestro propio carácter y suplir las necesidades de los demás.

Debemos poner el énfasis en las responsabilidades en vez de los derechos

En cada relación tenemos derechos y responsabilidades. ¿Dónde debemos poner el énfasis, en las responsabilidades o en los derechos? Por ejemplo, un matrimonio cristiano. Es verdad que la Biblia enseña a las esposas a someterse a sus esposos, y puede que un esposo lo quiera exigir como su derecho. Pero tiene una responsabilidad correspondiente, amar a su esposa como Cristo amó a la iglesia, y eso no es poca cosa. ¿Cuál debe enfatizar, su derecho o su responsabilidad?

Una esposa puede agobiar a su esposo porque cree que tiene el derecho de esperar que él sea la cabeza espiritual del hogar. Es verdad que Dios le ha dado ese llamado. Pero ella tiene la responsabilidad de amar y respetar a su marido. ¿Dónde debe poner el énfasis, en su derecho o en su responsabilidad?

¿Y los padres? ¿Deben enfocarse en su derecho a esperar que los hijos les obedezcan? ¿O en su responsabilidad de criarles en la instrucción del Señor y disciplinarles cuando desobedecen? ¿Acaso la membresía a una iglesia local te da el derecho de criticar a otros y despreciarlos por su doctrina? ¿O te da la responsabilidad de someterte a aquellos en autoridad sobre ti y de tratar a otros con el amor y la aceptación que Jesús te ha mostrado a ti?

Cuando estemos ante Jesús al final de nuestra vida terrenal, ¿Qué enfatizará él? ¿Me preguntará acaso, «¿Te dieron todo lo que debían?» ¿O se enfocará en lo bien que amé a quienes él puso a mi cuidado?

Si aprendemos a amar y servir a la gente sin esperar recibir nada a cambio, es liberador. En lugar de estar constantemente decepcionados, estaremos verdadera y gratamente sorprendidos cuando la gente nos ame y nos sirva.

¿Y cuando otros cometen una falta?

Pero, ¿Y qué de cuando otra gente falla? ¿Lo ignoramos?

Es verdad que a menudo podemos ver los problemas de otros más claramente que ellos. Pero ¿Quién es responsable de ser la consciencia de otro y persuadirle de su pecado? Ese no es tu papel, es el papel del Espíritu Santo (ver Juan 16:8). Te aseguro que el Espíritu Santo está de guardia, no duerme, y está trabajando cuidadosamente para darle convicción. Está en una batalla interna con el Espíritu Santo. Pero en el momento que intentas intervenir y señalar su pecado, la batalla la tiene contigo, y las cosas van mal.

Disciplina, sí; juzgar, no

Jesús dijo claramente que no debemos juzgar a otros (Mateo 7:1). Sin embargo Pablo sí habla de disciplinar a los creyentes que obran mal, por ejemplo:

> «Hermanos, si alguien es sorprendido en pecado, ustedes que son espirituales deben restaurarlo con una actitud humilde» (Gálatas 6:1a).

El juicio y la disciplina son dos cosas diferentes. El juicio siempre está ligado al **carácter**. Sin embargo la disciplina siempre está ligada al **comportamiento**.

La disciplina debe basarse en algo que vimos u oímos. Si hemos observado personalmente que otro cristiano peca, la Biblia nos manda a confrontar a la persona a solas, el objetivo es que regrese a Dios.

Si no se arrepiente, entonces debemos tomar dos o tres testigos que observaron el mismo pecado. Si sigue sin arrepentirse, entonces avisamos a la iglesia (Mateo 18:15–17). El propósito de este proceso no es condenar a la persona, sino restaurarla en Jesús.

Sin embargo, si no hay testigos, solamente tu palabra frente a la suya, lo mejor es dejarlo. Dios lo conoce y él lo tratará a su tiempo y en su sabiduría perfecta. Es su trabajo traer convicción, no el tuyo.

Como humanos, somos tentados a juzgar el carácter de una persona. Supón que yo sorprendo a un hermano en la fe en una mentira descarada y le confronto. Puedo decir «¡Eres un mentiroso!» pero eso sería juzgarle porque estoy cuestionando su carácter. Sería mejor decir «No eres un mentiroso, entonces ¿por qué dijiste algo que no es verdad?» Eso llama la atención a su **comportamiento**, no a su **carácter**. A la verdad él es un hijo de Dios que actuó fuera de su naturaleza. La primera expresión afirma que tiene el carácter de mentiroso e implica que no puede cambiar. La segunda no menciona su carácter, simplemente señala un comportamiento. Si le señalas a alguien su comportamiento errado, le das algo con lo cual trabajar. Llamarle un mentiroso, o idiota, o torpe, u orgulloso, o malvado es un ataque a su carácter.

No es lo mismo la disciplina que el castigo

Castigo es el concepto del Antiguo Testamento de pagar mal por mal, «ojo por ojo». Mira al comportamiento pasado de la persona. Dios no está mirando desde el cielo listo para castigarnos, y nosotros no tenemos que castigar a otros. El castigo que todos merecíamos cayó sobre Cristo.
Sin embargo, Dios nos disciplina para desarrollar nuestro carácter, para que no continuemos cometiendo los mismos errores.
Hebreos 12:5-11 nos dice que la disciplina de Dios es una prueba de su amor:

«Ninguna disciplina, en el momento de recibirla, parece agradable, sino más bien penosa; sin embargo, después produce una cosecha de justicia y paz para quienes han sido entrenados por ella» (Hebreos 12:11).

El objetivo de la disciplina es producir una cosecha de justicia y paz – para parecernos más a Jesús.

Tenemos un Dios que nos ama tanto que a veces toma la difícil decisión de permitirnos atravesar alguna circunstancia dolorosa para prepararnos para el futuro, y para ayudarnos a ser más semejantes a Jesús en carácter.

¿Qué podemos hacer cuando nos atacan?

¿Cómo respondes si alguien te ataca? ¿Debemos ponernos a la defensiva? Mira cómo reaccionó Jesús cuando esto le sucedió a él:

«Cuando proferían insultos contra él, no replicaba con insultos; cuando padecía, no amenazaba, sino que se entregaba a aquel que juzga con justicia» (1 Pedro 2:23).

Necesitamos hacer lo mismo. Ya no tenemos que defendernos. Si te equivocas no tienes defensa. Si tienes la razón, no necesitas defensa, Cristo te defiende. Necesitamos entregarnos a Dios y confiarle el resultado.

Si puedes aprender a no ponerte a la defensiva cuando alguien expone los defectos de tu carácter o ataca tu desempeño, puede que tengas la oportunidad de transformar la situación y ministrar a esa persona.

Nadie machaca a otra persona desde una posición de fuerza. Los que critican a otros o están dolidos o son inmaduros. Si estamos seguros de nuestra identidad en Cristo, podemos aprender a no estar a la defensiva cuando nos atacan.

La gente es irracional, absurda y egocéntrica.

Ámales de todas formas.

Si haces el bien, la gente te acusará de tener intenciones ocultas y egoístas.

Haz el bien de todas formas.

Si tienes éxito, ganarás amigos falsos y enemigos verdaderos.

Ten éxito de todas formas.

El bien que haces hoy será olvidado mañana.

Haz el bien de todas formas.

La honestidad y la sinceridad te hacen vulnerable.

Sé honesto y sincero de todas formas.

La gente más pequeña con las ideas más pequeñas puede derribar a la gente más grande con las ideas más grandes.

Piensa en grande de todas formas.

La gente favorece al que lleva las de perder pero solamente sigue al ganador.

Lucha por el que lleva las de perder de todas formas.

Lo que te tomó años construir puede derrumbarse en una noche.

Construye de todas formas.

La gente necesita ayuda, pero puede atacarte si les ayudas.
Ayúdales de todas formas.

Entrega al mundo lo mejor de ti y te pagará con una paliza.

Entrega al mundo lo mejor de ti de todas formas.

Pablo dice en Romanos 12:18 dice esto: «Si es posible, y en cuanto dependa de ustedes, vivan en paz con todos». La frase clave es «en cuanto dependa de ustedes». El conflicto es una parte normal de la vida. No hay que temerle. No siempre tendrás una relación feliz y armoniosa con los demás. Lo que importa es cómo lo manejas.

PAUSA PARA LA REFLEXIÓN 3:

1. Primero considera quiénes son las personas más importantes en tu vida.

2. Luego pídele a Dios sabiduría para relacionarte con ellos de la mejor manera.

3. ¿Hay necesidad de perdonarles? ¿Necesitas acaso dejar de juzgar su carácter y en su lugar ofrecer disciplina amorosa? ¿Cómo puedes satisfacer sus necesidades?

 TESTIFICAR

¿Cómo puedes ser un mejor vecino para la gente de tu barrio? ¿Cómo puedes conocerles mejor para saber cuáles son sus necesidades?

 ESTA SEMANA

Toma un tiempo para evaluar tu fe al completar el cuestionario «¿Qué es lo que creo?» en la página siguiente.

Considera seriamente cada pregunta antes de responderla.

¿Qué es lo que creo?

	Bajo				Alto
1.¿Tengo éxito en la vida?	1	2	3	(4)	5

Tendría más éxito si.....a tiempo hubiera corregido error

2.¿Soy una persona importante?	1	2	3	4	(5)

Me sentiría más importante si.....pudiera ayudar mas a las pe...

3.¿Me siento realizado?	1	2	(3)	4	5

Me sentiría más realizado si.....pudiera cumplir sueños y meta...

4.¿Cuál es mi nivel de satisfacción?	1	2	(3)	4	5

Estaría más satisfecho si...

5.¿Soy feliz?	1	2	3	(4)	5

Sería más feliz si.....tuviera una comunicacion con mi...

6.¿Me divierto?	1	2	3	(4)	5

Me divertiría más si.................?...

7.¿Me siento seguro?	1	2	(3)	4	5

Me sentiría más seguro si...

8.¿Tengo paz?	1	2	(3)	4	5

Tendría más paz si...

¿Hacia dónde vas?

¿DE QUÉ SE TRATA?

OBJETIVO: Evaluar lo que hemos creído a la luz de la Palabra de Dios y hacer los ajustes necesarios a fin de que permanezcamos en el camino de parecernos más a Jesús.

BASE BÍBLICA: 1 Timoteo 1:5: «Debes hacerlo así para que el amor brote de un corazón limpio, de una buena conciencia y de una fe sincera».

VERDAD BÍBLICA: Si deseamos ser personas de éxito, realizados, satisfechos, etc., debemos identificar y desechar nuestras creencias erróneas sobre estas áreas, y abrazar las verdades de la Biblia sobre nuestra identidad y herencia en Cristo.

 ## BIENVENIDA

¿Qué te gustaría hacer antes de morir? Quizás es un sueño loco o meta disparatada. Comparte tu anhelo sea lo que sea.

 ## ADORACIÓN

Tema: Dios estará con nosotros siempre

Hebreos 13:5–6; Salmos 94:14; Mateo 28:20.

 ## LA PALABRA:

Como hacer de la libertad un estilo de vida

> Jesús dijo, «No me escogieron ustedes a mí, sino que yo los escogí a ustedes y los comisioné para que vayan y den fruto, un fruto que perdure» (Juan 15:16a).

No queremos que éste sea uno de esos cursos que disfrutas pero que con el paso del tiempo los principios que aprendiste se desvanecen. Nuestra meta es que estos principios lleguen a formar parte de tu vida diaria para que des fruto que **perdure**. Estas enseñanzas son sencillas y directas. Hay tres puntos principales:

1. Conoce quién eres en Jesús

Eres un santo y puedes acercarte a la presencia de Dios con confianza en cualquier momento.

2. Resuelve tus problemas personales y espirituales mediante el arrepentimiento

Recomendamos que utilices *Los Pasos hacia la Libertad en Cristo* cada año, como la revisión anual de tu automóvil.

3. Sé transformado por la renovación de tu mente

Al desarrollar tus músculos espirituales, lo sentirás como si fuese una pérdida de tiempo. Pero recuerda que el Demoledor de Bastiones funciona de verdad. Verás una mejora siempre y cuando perseveres.

El camino por delante

El cuestionario «¿Qué es lo que creo?» en la página 184 te ayudará a identificar qué es lo que realmente crees ahora mismo. Una vez suplidas nuestras necesidades básicas de comida, refugio y seguridad, nos motiva cada día lo que podemos hacer para lograr éxito, importancia, seguridad, etc. La manera en que completaste las oraciones: «Tendría más éxito si...», «Me sentiría más importante si...», reflejan lo que realmente crees. Revisemos cada área.

El éxito se mide al tener metas correctas

En la sesión 6 vimos las metas de vida. El éxito se mide por cuánto logras alcanzar esas metas. Si quieres tener éxito en los ojos de Dios es importante entender cuál es la meta de vida que él tiene para ti.

Si Dios quiere que hagas algo, ¿Es posible lograrlo? En otras palabras, ¿Crees que Dios diría: «Quiero que hagas algo, sé que no lograrás hacerlo, pero buena suerte».? No sería justo. Sea cual sea la meta que Dios tiene para ti, puedes estar seguro que no hay circunstancia ni persona que puedan impedir que la alcances. Dios te ama demasiado como para pedirte algo que no puedes lograr.

2 Pedro 1:3-10 nos muestra las metas que Dios tiene para nosotros.

Pedro comienza en el versículo 3 diciéndonos que ya tenemos «todas las cosas que necesitamos para vivir como Dios manda». Luego nos recuerda que compartimos la naturaleza de Dios, que somos santos hasta la médula. ¡Un excelente punto de partida! El pasaje entonces nos muestra la meta de Dios para nuestra vida:

> «Precisamente por eso, esfuércense por añadir a su fe, virtud; a su virtud, entendimiento; al entendimiento, dominio propio; al dominio propio, constancia; a la constancia, devoción a Dios; a la devoción a Dios, afecto fraternal; y al afecto fraternal, amor. Porque estas cualidades, si abundan en ustedes, los harán crecer en el conocimiento de nuestro Señor Jesucristo, y evitarán que sean inútiles e improductivos». (2 Pedro 1:5-10)

Pedro quiere que comencemos con la fe. Entonces debemos esforzarnos por edificar sobre la fe y añadir estas características: virtud, entendimiento, dominio propio, constancia, devoción a Dios, afecto fraternal y amor.

Esta es una lista de cualidades de **carácter**. Y así podemos comprender la meta de Dios para nuestra vida. Tiene que ver con desarrollar nuestro carácter. Él no se preocupa tanto de lo que **hacemos** sino de cómo **somos**. Porque lo que **hacemos** fluye de quien **somos**.

La única persona que refleja de manera perfecta las cualidades de carácter de esa lista es Jesús.

La meta que Dios tiene para ti puede definirse de este modo: **que te parezcas cada vez más a Jesús en tu carácter.**

La buena noticia es que nadie ni nada en la tierra puede impedir que te conviertas en la persona que Dios quiere. ¡Nadie más que **tú**!

Vimos en la sesión 6 cómo nuestras emociones, especialmente la ira, la ansiedad y la depresión, te alertan de que tienes alguna meta de vida malsana que depende de personas o de circunstancias que tú no puedes controlar.

Recuerda al pastor cuya meta de vida era alcanzar a su comunidad para Cristo, meta que cada persona en su comunidad podía bloquear. ¿Qué pasaría si su meta fuera convertirse en el mejor pastor de acuerdo a lo que

Dios quiere? Curiosamente, a medida que el pastor aprenda a adoptar la meta de Dios, abandonará la ira, la ansiedad y la depresión, y se parecerá más a Jesús. Y entonces la gente confiará más en él y le seguirá. Y puede que alcance a su comunidad para Cristo.

¿Recuerdas a los padres cuya meta de vida era tener una familia cristiana feliz y armoniosa? ¿Qué pasaría si su meta fuera ser el esposo y padre, o la esposa y madre que Dios diseñó? ¿No aumentaría la probabilidad de que su familia cristiana fuese feliz?

Quizá creas que no tienes suficientes talentos o inteligencia, o que tus circunstancias te impiden ser la persona que Dios diseñó. Pedro no menciona talentos, inteligencia ni circunstancias positivas en su lista. De hecho, Dios no ha distribuido la misma cantidad de talentos a todos los creyentes. Algunos tienen uno, otros diez. Tampoco tenemos la misma inteligencia y nuestras circunstancias pueden ser distintas. Puede que pienses «¡No es justo! ¿Por qué hace eso?» Dios no te juzga por esas cosas. Él mira tú **carácter**, no tus talentos o tu inteligencia. Tanto el cristiano con un talento como el que tiene diez puede crecer en su carácter, y alcanzar la meta que Dios tiene para cada uno.

PAUSA PARA LA REFLEXIÓN 1

1. Mira el cuestionario «¿Qué es lo que creo?» en la página 184. Si te sientes cómodo con ello, comparte dónde pusiste la menor calificación y qué escribiste en esa pregunta.

2. 2 Pedro 1:3 declara que tenemos «todas las cosas para la vida y la piedad». Comenta la idea de que toda meta de vida que Dios tiene para ti, nada ni nadie puede impedir que la logres – excepto tú mismo.

3. En la lista de Pedro no se mencionan los talentos, la inteligencia o las circunstancias positivas. ¿Cómo cambia eso tu manera de pensar?

La importancia depende del uso adecuado del tiempo

Lo que se olvida con el tiempo tiene poca importancia. Lo que se recuerda para siempre tiene gran importancia. La importancia tiene que ver con el tiempo.

Pero Sion dijo: «El Señor me ha abandonado; el Señor se ha olvidado de mí».

Y Dios respondió así: «¿Puede una madre olvidar a su niño de pecho, y dejar de amar al hijo que ha dado a luz? Aun cuando ella lo olvidara, ¡yo no te olvidaré! Grabada te llevo en las palmas de mis manos; tus muros siempre los tengo presentes» (Isaías 49:14-16).

Dios utiliza una metáfora muy gráfica —grabada en las palmas de su mano— como un tatuaje. Dios nos ha puesto ahí para no olvidarnos, aunque pase mucho tiempo. ¡Tan importante somos para él!
Si quieres incrementar tu sentido de importancia, enfócate en cosas que marcarán una diferencia eterna.

Sentirse realizado viene de servir a los demás

Jesús fue la persona más realizada que jamás caminó sobre la faz de la tierra. ¿De dónde vino su sentido de realización? Él dijo, «Mi alimento es hacer la voluntad del que me envió y terminar su obra». (Juan 4:34)

> «Cada uno ponga al servicio de los demás el don que haya recibido, administrando fielmente la gracia de Dios en sus diversas formas». (1 Pedro 4:10)

Cada uno de nosotros es único y extraordinario y Dios nos ha dado distintos dones. Pero debemos usarlos para servir a otros y al hacerlo, paradójicamente nos sentimos realizados. Nos sentimos realizados cuando florecemos allí donde estamos plantados, en lugar de buscar mejor tierra o una maceta más bonita, al cambiar las circunstancias o las personas en nuestras vidas.

No es por azar que en su soberanía Dios te ha puesto en tu familia, en tu calle, con tus amigos, en tus clases, en tu trabajo, en tu universidad.

Dios te ha plantado especialmente para servirle al servir a tu familia. Ese es tu primer llamado y el más importante. Tienes un papel único como embajador de Cristo en donde vives y en tu trabajo. Tus campos de misiones son esos y tú eres el obrero que Dios ha designado para esa cosecha.

Dios quiere cristianos que se parecen a Jesús en cada área de la sociedad. Tu llamado a los negocios, a la industria, a la educación, al arte, a la salud, sea cual sea, es un llamado supremo y santo donde tú puedes marcar la diferencia.

No intentes ser otra persona. Sé la persona singular y única que Dios ha diseñado.

Dios no me reclamará por no haber sido la Madre Teresa. Pero ¡quizá me pregunte por qué no fui yo misma!

La satisfacción depende de la calidad de vida que llevas

> Jesús dijo, «Dichosos los que tienen hambre y sed de justicia, porque serán saciados» (Mateo 5:6)

A la verdad, nada satisface más que vivir una vida justa. Si apuntaste algo como «me sentiría más satisfecho si trabajara más por la justicia en mi comunidad», vas en buen camino.

Recuerda la última vez que compraste algo que te dejó insatisfecho. ¿Cuál era el problema? Suele ser la calidad. La satisfacción tiene que ver con la calidad. Obtenemos más satisfacción de hacer pocas cosas bien que de hacer muchas cosas con descuido o apresuradamente. El secreto de la satisfacción personal no se encuentra en hacer más, sino en un compromiso profundo de calidad en aquellas cosas que ya hacemos.

Lo mismo sucede con nuestras relaciones. Si estás insatisfecho con tus relaciones, quizá es que intentas abarcar mucho. Aprendamos de Jesús, que enseñó a multitudes, preparó a 70 personas para el ministerio, pero invirtió la mayor parte de su tiempo en 12 discípulos. Y de esos 12 eligió a 3 —Pedro, Santiago y Juan— para estar con él en momentos claves: la Transfiguración, el Monte de los Olivos, y el Jardín de Getsemaní. Todos disfrutamos de la satisfacción que traen las relaciones de calidad.

La felicidad viene de desear lo que ya tenemos

El concepto de felicidad del mundo es tener lo que queremos. Sin embargo, nunca ha habido una sociedad donde la gente tenga tantas cosas, y sin embargo sea tan infeliz.

«Con la verdadera religión se obtienen grandes ganancias, pero solo si uno está satisfecho con lo que tiene. Porque nada trajimos a este mundo, y nada podemos llevarnos» (1 Timoteo 6:6-8).

Para ser feliz no necesitas tener todo lo que quieres, sino querer todo lo que tienes. Siempre y cuando te fijes en lo que no tienes o en lo que no puedes hacer, serás infeliz. Pero cuando empieces a apreciar lo que ya tienes, serás feliz el resto de tu vida.

PAUSA PARA LA REFLEXIÓN 2:

1. ¿De qué maneras podemos obtener un sentido de importancia al enfocar nuestro tiempo en aquello que marca una diferencia eterna?

2. ¿Qué causa que anhelemos ser otra persona en vez de crecer como la persona única que Dios ha creado?

3. Los cristianos pueden a veces sentirse apabullados por todas las cosas que exigen de su tiempo. Comenta la idea de que trae mayor satisfacción hacer pocas cosas bien, en vez de hacer muchas cosas de forma azarosa o apresurada.

La diversión viene de disfrutar cada momento de la vida

Quizá te pareció extraño encontrar este punto en el cuestionario. Pero creo que un cristiano que ha sido liberado por Jesús, que sabe quién es y lo que tiene en Cristo debería estar disfrutando de la vida.

Cuando haces planes para divertirte, a menudo decepciona. Las cosas no salen como esperabas. La diversión se da cuando aprovechamos la espontaneidad, cuando nos deshacemos de nuestras inhibiciones, cuando dejamos de preocuparnos por el qué dirán.

> «Si yo buscara agradar a otros, no sería siervo de Cristo» (Gálatas 1:10).

Me pregunto cuántas veces piensas «¿Qué dirán los demás?». Creo que quienes caminan en libertad dirán, «No importa lo que la gente diga. No busco agradarles, solo busco agradar a Dios».

Recuerda cuando David recuperó el arca del pacto que los filisteos habían robado. Él estaba tan contento que celebró ante el Señor con saltos y danza. Su esposa Mical se avergonzó de su comportamiento y se lo expresó claramente. Pero David dijo «seguiré bailando en presencia del Señor, y me rebajaré más todavía, hasta humillarme completamente» (2 Samuel 6:21-22).

Me he dado cuenta que la misma vergüenza que me impide divertirme, me impide hablar a otros de Jesús, a menos que me esfuerce constantemente por sacudírmela –esa preocupación por el qué dirán–.

Nuestro Dios amoroso, maravilloso y creativo no es un aguafiestas. Cuando somos libres, podemos reír, podemos divertirnos. No nos fijemos en las apariencias.

La seguridad viene de enfocarnos en valores eternos

Jesús dijo claramente que nadie te puede arrebatar de su mano (Juan 10:27-29). Pablo declaró que nada ni nadie puede separarte del amor de Dios en Cristo Jesús (Romanos 8:35-39). ¡No podemos estar más seguros que eso!

Nos sentimos inseguros cuando dependemos de cosas del mundo que somos incapaces o no tenemos el derecho de controlar.
A la verdad, un día perderemos cada «cosa» que tenemos ahora.

«Es sabio quien renuncia a aquello que no puede guardar para ganar aquello que no puede perder»

Jim Elliot, un misionero asesinado.

La paz viene de aquietar la tempestad interna

Jesús, el Príncipe de Paz (Isaías 9:6) y el dijo:

«Mi paz les doy. No se la doy a ustedes como la da el mundo. No se angustien ni se acobarden» (Juan 14:27).

Necesitamos apropiarnos cada día de la paz de Dios en nuestro interior. Porque hay muchas cosas que perturban nuestro mundo exterior y porque no podemos controlar todas las circunstancias ni nuestras relaciones. Pero podemos controlar el mundo interior de nuestra mente y emociones si permitimos que la paz de Dios reine en nuestro corazón a diario.

Puede que el caos nos rodee, pero Dios es mucho más grande que cualquier tormenta.

«Nada sucederá hoy que tú y Dios no puedan enfrentar».

Las dificultades nos ayudan hacia la meta de Dios

Puede que aún pienses que tus circunstancias pasadas o presentes son tan difíciles que te impedirán convertirte en la persona que Dios diseñó, pero déjame decirte que lo opuesto es la verdad. Pablo dice «nos regocijamos... en nuestros sufrimientos, porque sabemos que el sufrimiento produce perseverancia; la perseverancia, entereza de carácter; la entereza de carácter, esperanza» (Romanos 5:3-4).

«Hermanos míos, considérense muy dichosos cuando tengan que enfrentarse con diversas pruebas, pues ya saben que la prueba de su fe produce constancia. Y la constancia debe llevar a feliz término la obra, para que sean perfectos e íntegros, sin que les falte nada» (Santiago 1:2-4).

La perseverancia en medio de las dificultades desarrolla nuestro carácter y nos ayuda a realizar nuestra meta en la vida de llegar a ser cada vez más como Jesús.

Los esposos derrotados pueden ser tentados a decir, «Ay, mi matrimonio no tiene remedio» y luego intentar «resolver» el problema cambiando de pareja. Quizá otros sienten que su trabajo o su iglesia no tiene remedio. Entonces cambian, y pronto descubren que su nuevo trabajo o su nueva iglesia tampoco tienen remedio. Esas situaciones difíciles te ayudarán a alcanzar las metas de Dios para ti. A veces hay razones legítimas para cambiar de trabajo y de iglesia, pero si solo estamos huyendo de nuestra inmadurez, nos va a perseguir a donde vayamos.

Y sí, es maravilloso cuando tenemos experiencias de estar en la cumbre, pero es abajo, en los valles donde encontramos tierra fértil para el crecimiento, no en las cimas.

¡Hoy es el primer día del resto de tu vida!

¡Todos vamos a morir! Un día tú vas a perder todo lo que tienes, incluyendo tus relaciones más cercanas, tu preparación, tus posesiones, tu dinero.

Solo hay una cosa que no vas a perder, solo una. Es tu relación con Jesús y todo lo que ello incluye.

Por eso es que Pablo puede decir esto: «Porque para mí el vivir es Cristo y el morir es ganancia» (Filipenses 1:21)

Si intentas remplazar Cristo en ese versículo por cualquier otra cosa, no funciona:

Para mí el vivir es mi profesión, el morir es... pérdida.

Para mí el vivir es mi familia, el morir es... pérdida.

Para mí el vivir es éxito en el ministerio, el morir es... pérdida.

Pero cuando el objetivo de nuestra vida aquí y ahora es Jesús y parecerte cada vez más a él, entonces al morir todo es mejor.

Sea que sientas que has avanzado o no en el camino de parecerte más a Jesús, puedes terminar este curso con la seguridad de que eres un hijo santo de Dios, y que ahora mismo, sea lo que sea, él se deleita en ti. Le importas mucho. Él tiene planes para darte un futuro y esperanza (Jeremías 29:11).

Entonces ¿Estás listo para asumir la meta de Dios, de parecerte más y más a Jesús en tu carácter y hacer de eso lo que motiva tu vida?

Esto fue escrito por alguien (desconocido) quien claramente había decidido creerle a Dios:

Soy parte de la «Hermandad de los audaces». Tengo poder del Espíritu Santo. La suerte está echada. Me he definido. La decisión está tomada. Soy su discípulo. No hay vuelta atrás, no aflojaré, no frenaré, no retrocederé, no pararé. Mi pasado ha sido redimido, mi presente tiene propósito, mi futuro está asegurado. ¡Estoy harto de arrastrarme por la vida, de ver para creer, de planes pequeños, de rodillas lisas, de sueños sin color, de visiones sosas, de lenguaje mundano, de tacañería, de metas cortas!

Lo dejo todo atrás. Ya no necesito privilegio, prosperidad, posición, promoción, aplausos o popularidad. No necesito tener la razón, ser el primero, ni el mejor, obtener reconocimiento, alabanza, consideración ni recompensa. Ahora vivo por su presencia, me apoyo en la fe, amo con paciencia, me levanto en oración y trabajo con poder.

Estoy decidido, mi paso es firme, mi meta es el cielo, mi senda es estrecha, mi camino es rugoso, mis compañeros son pocos, mi guía es digno de confianza, mi misión es clara. No me pueden comprar, negociar, desviar, cebar, regresar, diluir o retrasar. No retrocederé ante el sacrificio, no dudaré ante la adversidad, no negociaré en la mesa del enemigo, no me contemplaré en el espejo de la popularidad ni me pasearé por el laberinto de la mediocridad.

No me daré por vencido, no callaré, no aflojaré, ni me extinguiré hasta que haya predicado, orado, pagado, almacenado, y defendido la causa de Cristo.

Soy un discípulo de Jesús. Debo avanzar hasta que él regrese, dar hasta caer, predicar hasta que todos escuchen y trabajar hasta que él pare.

Y cuando él venga por los suyos, me reconocerá fácilmente. Sabrá quién soy

Tenemos el resto de nuestra vida por delante. Es emocionante. Realmente puedes convertirte en la persona que Dios diseñó, nada ni nadie puede impedirlo.

PAUSA PARA LA REFLEXIÓN 3:

1. Dialoga en el grupo sobre la idea de que la meta de Dios para tu vida es que te parezcas cada vez más a Jesús en tu carácter. ¿Cómo cambiaría tu vida el asimilarlo?

2. En oración personal, comprométete con la meta de Dios para tu vida y agradécele que puedes lograrlo en sus fuerzas.

3. Toma un tiempo en agradecimiento a Dios por lo que Él te ha mostrado y enseñado a través de este curso. Pregúntale qué pasos quiere que tomes a continuación.

 TESTIFICAR

Escoge dos o tres áreas de las ocho que hemos considerado. ¿Qué efecto tendría sobre los no cristianos a tu alrededor si pusieras en práctica estos principios?

 ESTA SEMANA

Identifica cuáles áreas del cuestionario son las más desafiantes para ti. Toma un tiempo leyendo los versículos relevantes para aquellas áreas en la sección Las directrices de Dios para caminar por fe. Puedes usarlas para desarrollar un Demoledor de Bastiones para continuar con la renovación de tu mente.

Las directrices de Dios para caminar por fe

El éxito depende de tener metas correctas

El éxito consiste en aceptar la meta de Dios para nuestras vidas y, por su gracia, llegar a ser lo que él nos llamó a ser (Josué 1:7-8; 2 Pedro 1:3-10; 3 Juan 2).

La importancia depende del uso adecuado del tiempo

Lo que se olvida en el tiempo es de poca importancia. Lo que se recuerda para la eternidad es de gran importancia (1 Corintios 3:13; Hechos 5:33-40; 1 Timoteo 4:7, 8).

Sentirse realizado viene de servir a los demás

La satisfacción es producto del descubrimiento de nuestra singularidad en Cristo, y de emplear nuestros dones y talentos para edificar a otros y glorificar a Dios (2 Timoteo 4:5; Romanos 12:1-18; Mateo 25:14-30).

La satisfacción depende de la calidad de vida

La satisfacción viene de vivir una vida justa y de procurar incrementar la calidad de nuestras relaciones y de nuestro trabajo (Mateo 5:5; Proverbios 18:24; 2 Timoteo 4:7).

La felicidad viene de desear lo que ya tenemos

Somos felices cuando estamos agradecidos por lo que ya tenemos, en vez de desear lo que no tenemos. ¡Felices quienes desean lo que ya tienen! (Filipenses 4:12; 1 Tesalonicenses 5:18; 1 Timoteo 6:6-8).

La diversión viene de disfrutar cada momento de la vida

El secreto está en deshacernos de los impedimentos no bíblicos, tales como guardar las apariencias (2 Samuel 6:20-23; Gálatas 1:10, 5.1; Romanos 14:22).

La seguridad viene de enfocarnos en los valores eternos

Nos sentimos inseguros cuando dependemos de las cosas pasajeras en vez de aquellas que durarán para siempre (Juan 10:27-30; Romanos 8:31-39; Efesios 1:13, 14).

La paz viene de aquietar la tempestad interna.

La paz de Dios es interna, no externa (Jeremías 6:14; Juan 14:27; Filipenses 4:6-7; Isaías 32:17).

Pensamientos defectuosos (Mentira)	Lo que Dios dice (Verdad)

Pensamientos defectuosos (Mentira)	Lo que Dios dice (Verdad)

Pensamientos defectuosos (Mentira)	Lo que Dios dice (Verdad)

1 arrepentirse
2 perder